Maria M. Kettenring

# Aromaküche

Den Freunden der Aromakultur gewidmet.

*Impressum*

3. erweiterte Neuauflage 1994


Umschlaggestaltung: Kuhn Grafik und Buchdesign, Zürich
Die Bildvorlage auf der Buchrückseite ist mit freundlicher Genehmigung des Burda-Verlages aus *Mein schöner Garten* entnommen.
Satz: Christian und Mathias Weitbrecht, Ravensburg / Sulzberg
Druck: Wilhelm Uhl, Grönenbach
Bindung: Franz Kraus, Kempten

ISBN 3-928554-04-2

Maria M. Kettenring

# Aromaküche

## Gesund und phantasievoll Kochen mit ätherischen Ölen

Joy Verlag

# INHALT

# Vorwort

Die Aromaküche – damit verbindet sich ein Hauch von Originalität und eine Prise kulinarische Raffinesse. Auf der Suche nach den Geheimnissen aromatischer Essenzen stieß ich auf alte Rezepte kräuterkundiger Mönche, Drogisten und Alchemisten. Sie wußten um die Kunst, würzige, heilende Kräuterschnäpse zu brennen oder Liköre und Limonaden mit ätherischen Ölen anzusetzen. Tatsächlich hat das Würzen mit Naturaromen aus Kräutern, Gewürzen und Zitrusfrüchten Tradition. Diese Kenntnisse zogen mich und einen kleinen Freundeskreis Mitte der achtziger Jahre in ihren Bann. Wir hatten eine alte Kunst der Geschmacksveredelung wiederentdeckt. Sind Sie neugierig geworden? In den beiden Kapiteln „Eine Duftspur durch die Gewürzgeschichte" und dem Kapitel „Eine Duftspur durch die Geschichte der edlen Geister" finden Sie interessante geschichtliche Zusammenhänge zu diesem Thema.

Eine gute Küche lebt von den Zutaten und deren harmonischer Abrundung. Dafür steht uns in der Aromaküche eine reichhaltige Auswahl ätherischer Öle zur Verfügung, die seit der Zeit der Alchimisten auch die „Seele der Pflanzen" genannt werden. In dem Kapitel „Wissenswertes über ätherische Öle" finden Sie Hinweise und Informationen über Qualität und Gewinnungsverfahren, denn hochwertige ätherische Öle und Essenzen sind Voraussetzung für die Aromaküche. Diese Schätze der Natur bieten mit ihrer Aroma- und Würzkraft eine Ergänzung zu frischen Kräutern und eine gesunde Alternative zu synthetischen Aromastoffen.

Aromatisierte Lebensmittel sind heute selbstverständlich. Die Lebensmittelindustrie lockt mit immer raffinierteren „naturidentischen", das heißt synthetischen Aromastoffen. Unter Hunderten von Käsesorten, Fruchtjoghurts und Quarkspeisen sind es nur wenige, die keine synthetischen Geschmacksstoffe enthalten. Erstaunlich und erwähnenswert erscheint auch die Tatsache, daß bei Versuchen mit radioaktiv verstrahlten Pflanzen nach der Destillation keine radioaktive Strahlung im ätherischen Öl mehr festzustellen ist. Insbesondere gilt dies für sehr sorgfältig destillierte, hochwertige ätherische Öle, die nicht mit Lösungsmittel ausgezogen werden.

Interessante Zusammenhänge zwischen Geruchs- und Geschmackssinn finden Sie in dem Kapitel „Der Duft einer Speise bringt uns auf den Geschmack".

Das Kapitel „Würzen – kein Buch mit sieben Siegeln" enthält das Herzstück der Aromaküche. Hier wird die Herstellung der Würzöle und Würzölmischungen besprochen – die Bausteine für Ihren eigenen „mobilen Kräutergarten".

Der anschließende Rezeptteil ist gegenüber der zweiten Auflage um viele Rezepte erweitert und an einigen Stellen gekürzt worden; die Aromatisierung mit ätherischen Ölen wurde noch feiner abgestimmt. Im Anschluß können Sie Profiköchen in ihre Aromakochtöpfe schauen, einigen von Ihnen ist sicher aus der letzten Auflage der Sternekoch Reiner Fischer aus dem Restaurant „Villino" bekannt.

Auch stehen wir nicht alleine mit dieser Kochkunst. Für etliche Feinschmeckerrestaurants der französischen „Nouvelle Cuisine" ist es bereits Gang und Gebe, sich feinste Essenzen destillieren zu lassen. Vom Angelikawurzelöl bis zur Essenz des seltenen Trüffels bietet diese reichhaltige Palette für jeden Gaumen eine Überraschung.

Das ABC der Aromaküche finden Sie – auf einen Blick – auf dem eingelegten Plakat. Die ätherischen Öle sind mit ihrem lateinischen Namen und dem jeweiligen Gewinnungsverfahren aufgelistet und den entsprechenden Anwendungsbereichen zugeordnet. In der letzten Spalte finden Sie Empfehlungen, wie die ätherischen Öle untereinander und mit frischen Kräutern und Gewürzen kombiniert werden können.

Was Sie mitbringen sollten, um die Aromaküche zu entdecken, ist die Liebe für das Kochen, ein wenig Fingerspitzengefühl und Mut für Neues. Aromawürzen ist keine Kunst! Viel Freude beim Genießen.

Maria M. Kettenring
Goriki, im Juni 1994

# Der Duft einer Speise bringt uns auf den Geschmack

„Die größte Weisheit verrät sich in der einfachen
und natürlichen Einrichtung der Dinge,
und man erkennt sie nicht,
eben weil alles so einfach und natürlich ist."
*Johann Peter Hebel*

„Versalzen Sie sich nicht das Leben, sondern geben Sie ihm mehr Aroma und Würze!" Denn gerade die Duft- und Geschmacksstoffe gelten zurecht als die "Vitamine des Gaumens", die unser Leben reichhaltiger und farbiger gestalten.

Duft- und Geschmackserlebnisse werden in einem Teil unseres Gehirns, dem Limbischen System, das unter anderem für unser Erinnerungsvermögen von großer Bedeutung ist, gespeichert. Ein köstlich duftendes Essen mit Freunden in angenehmer Atmosphäre oder ein festliches Mahl werden uns daher unvergeßlich bleiben.

Geruch und Geschmack stehen in unmittelbarer Beziehung zueinander. Das Tor zu den Geschmacksnerven ist die Nase. Der Duft, der die Nasenflügel streift, wirkt wie ein Startsignal, das die Verdauungssäfte zum Fließen bringt.

Appetitanregende Wohlgerüche lösen, einer Zauberformel gleich, das „Sesam öffne dich" aus, regen dadurch reflektorisch die Produktion von Speichelenzymen und des genau auf die Speise abgestimmten Magensafts an. Der Duft frisch gebackenen Kuchens oder aromatischen Essens läßt uns das Wasser im Munde zusammenlaufen. Wir riechen ein bestimmtes Aroma und glauben, es zu schmecken, da der Riechnerv bis in den Gaumen hinuntergeht. Das wußten bereits die alten Ägypter, reichten sie doch vor einem festlichen Mahl einen besonderen Aperitif, einen Duftbecher gefüllt mit aromatischen Kräutern und Essenzen, die als vorzügliche Appetitanreger die Verdauungssäfte stimulierten gemäß dem Motto „kein Essen ohne Wohlgeruch". Dies verdeutlicht, daß erst das Riechen einer Speise entscheidend für das Erleben der gesamten Geschmacksfülle und der wahren Gaumenfreude ist.

Aus den sechs primären Geruchsempfindungen würzig, harzig, brenzlig, blumig, fruchtig und faulig[1] lassen sich unzählige Mischgerüche ableiten. Der Geschmackssinn, der mit der Zunge wahrgenommen wird, reduziert sich hingegen auf die vier wesentlichen Grundrichtungen süß, salzig, sauer und bitter. Sie verleihen dem Menschen die Fähigkeit, Genießbares von Ungenießbarem zu unterscheiden. Andererseits kennt jeder den unangenehmen Zustand, während einer Erkältung nichts zu schmecken, und müssen wir eine bittere Medizin einnehmen, halten wir uns die Nase zu. Beißen Sie einmal mit zugehaltener Nase in einen Apfel und dann in eine Zwiebel! Sie werden erstaunt sein, wie gering der geschmackliche Unterschied ist.

Ein ausgeprägter Geschmackssinn steht in enger Verbindung mit Gesundheit und Vitalität: Er prüft, wählt aus, regt an, setzt Impulse für Neues, Reizvolles, Anregendes und bildet gleichzeitig die Grundlage für Phantasie, Vorstellungskraft und Kreativität, die weit über das eigentliche Essen und Genießen von Speisen hinausgeht.

Baustein des Küchen-Einmaleins ist die Kenntnis über die Unterschiede der vier Grundrichtungen des Geschmacks, fade und astringierend (zusammenziehend) noch dazuge-

[1] Geruchsprisma nach P. Jellinek

nommen. Erstaunlich ist, daß nur geringe Mengen aromatischer Substanzen ausreichen, um Geruchs- und Geschmacksempfindungen auszulösen. Wem das Wasser im Munde zusammenläuft, mobilisiert bereits gesundheitsfördernde Funktionen in seinem Körper. Starke Speichelabsonderung bedeutet auch reichliche Verdauungsfermente. Die Arbeit von Magen und Darm kann durch die ätherischen Öle entlastet werden, womit sich auch ihre wohltuende Wirkung erklärt.

In vier verschiedenen Bereichen der Zunge sind beim erwachsenen Menschen etwa dreitausend kleine Geschmackssinneszellen, die Geschmacksknospen, angeordnet.

- ◻ Die Zungenspitze nimmt süß wahr (löst beim Säugling den Saugreflex aus)
- | Der Zungenrand nimmt salzig wahr (löst die Empfindung von Lebenskraft aus)
- ○ Die Zungenflanke nimmt sauer wahr (erste Empfindung von Unreife)
- ✕ Das Zungenende nimmt bitter wahr (kann Würgegefühle auslösen, Schutzreflex vor giftigen Pflanzen)

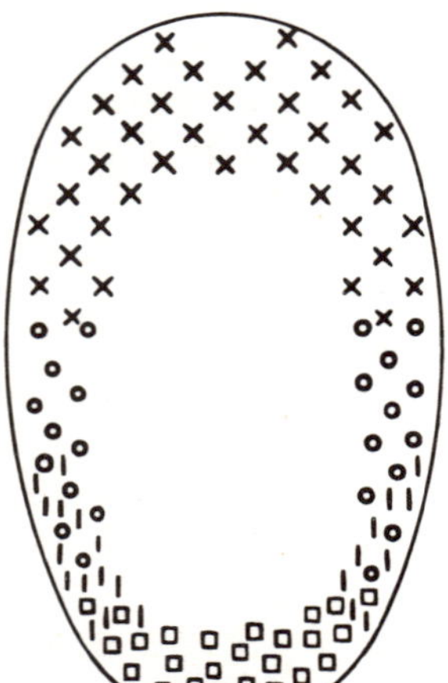

*Die Verteilung der vier Geschmacksqualitäten auf der Zungenoberfläche (nach Tomita H. und W. Pascher)*

Beim Geschmack, worunter auch persönliche Vorlieben zu verstehen sind, verlassen wir uns instinktiv auf unser Gespür. Nur wenn wir „Geschmack" an unserem Gegenüber finden, können wir ein Essen genießen. Dies zeigt sich auch bei Geschäftsessen, die oft Grundlage wichtiger Entscheidungen sind. Das Faszinierendste am Geschmackssinn ist der Zusammenhang zwischen sensorischem (sinnlichen) Empfinden und der allgemeinen Urteilskraft eines Menschen. Friedrich Nietzsche bemerkte dazu treffend und feinsinnig: „Ein scharfes Herausschmecken und Erkennen, ein bedeutendes Unterscheiden also, macht die eigentümliche Kunst des Philosophen aus." Die vier Geschmacksrichtungen, die unsere Zunge tatsächlich unterscheidet, können daher auch im übertragenen Sinn gesehen werden, so kann das Gewähren süß, die Mühe sauer, die Absicht versalzen und der Verzicht bitter sein.

Natürlich ist auch das Auge beim Abschmecken und Zubereiten einer Speise dabei. Rote Schokolade oder blaue Äpfel würden wir wahrscheinlich als ungesund und wenig wohlschmeckend einschätzen, wohingegen der Anblick grünen Salats oder gelber Paprika ein völlig anderes Bild hervorrufen kann.

Wir beurteilen Speisen also mit dem Geruch, den Augen und dem Geschmack. Bereits der Duft einer Speise bewirkt eine gewisse Vorsättigung, der Anblick eines schön arrangierten Salattellers kann das „Pfützchen auf der Zunge" entstehen lassen. Aber erst das Schmecken läßt uns den Charakter der Speise erkennen. Das lateinische Wort sapere wird sowohl mit schmecken als auch mit erkennen, verstehen und wissen übersetzt. Geschmack ist demnach einer unserer wesentlichsten Sinne, um etwas zu verinnerlichen. Mit dem „Einverleiben" erfassen wir erst richtig den vollen Geschmack einer Speise. Testesser und Parfümeure haben daher eine eigene Terminologie entwickelt, um ihre Wahrnehmungen beschreiben zu können.

Finden auch Sie beim Lesen und Zubereiten der Rezepte ihre eigenen Aromabilder und Termini und lassen Sie sich den Duft auf der Zunge zergehen!

# Würzen in der Aromaküche – kein Buch mit sieben Siegeln

„Der Wille zum Genuß ist im Menschen so ausgeprägt, daß er ständig bemüht ist, die geschmackliche Perfektion letztendlich über das Würzen zu erreichen."
*Brillat Savarin, französischer Feinschmecker des letzten Jahrhunderts*

Kochen gehört heute zu einem gesunden Lebensgefühl und wird sogar als ein Mittel zur Streßbewältigung, als respektables Hobby angesehen. Der Trend der neunziger Jahre geht zur „cuisine individuell" (Cosmopolitan) und „cuisine naturelle", wie es Anton Mosimann, ein bekannter Londoner Sternekoch, ausdrückt. Die Erhaltung der Nährstoffe stets im Blick, wird fettarmes Kochen favorisiert und mit einem Flair von Originalität und Abwechslung garniert. Die Aromaküche mit ihren ätherischen Ölen und Würzölen setzt genau an diesen Bedürfnissen an.

Lange Zeit waren Kräuter und Gewürze zu unrecht auf das Niveau reiner „Geschmacksverstärker" gesunken. Der richtige Umgang mit Kräutern, Gewürzen und Würzölen verbessert allerdings nicht nur den Geschmack der Speisen, sondern dient der Gesundheit in vielfältiger Weise. Insbesondere die reinen ätherischen Öle mit ihrer Vielzahl an Inhaltsstoffen wirken sekretionsfördernd oder -hemmend, desinfizierend, wassertreibend und durchblutungsfördernd, wie beispielsweise Thymian, Lorbeer, Fenchel, Melisse, Minze und Basilikum. Das Sättigungsgefühl kann früher und nachhaltiger eintreten, weil das ausgewogene Aroma mehr Reize setzt.

Karl der Große beschreibt die Bedeutung der Gewürze mit trefflichen Worten:
„Sie sind der Freund der Heilbeflissenen und der Preis der Köche."

*Abkürzungen für die Anwendung im Rezeptteil*

| | |
|---|---|
| TL | Teelöffel |
| EL | Eßlöffel |
| cl | Centiliter |
| ml | Milliliter |
| l | Liter |
| g | Gramm |
| kg | Kilogramm |
| Min. | Minute(n) |

# Herstellung von Würzölen, Würzölmischungen, aromatisierten Salzen, Tamaris, Sirupen und Honigen

Für die fettlöslichen, nicht wasserlöslichen ätherischen Öle sind geeignete Emulgatoren wie die nativen, das heißt naturbelassenen Öle (Sonnenblumen-, Sesam-, Distel-, Haselnuß- oder Olivenöl) notwendig. Diese Öle enthalten ungesättigte essentielle Fette, die für unsere vitalstoffreiche Ernährung wichtig und eine ideale Basis für die Würzölherstellung sind.

Die Rezepte in diesem Buch beziehen sich auf 50 ml Basisöl mit 5 Tropfen ätherischem Öl emulgiert.

Zwei einfache Beispiele sollen Ihnen zeigen, wie Sie selbst Ihre Würzöle herstellen können, die in den Rezepten teelöffel- und eßlöffelweise angewandt werden.

## Dill-Würzöl

| | |
|---|---|
| 50 ml Sonnenblumenöl | mit |
| 5 Tropfen Dillessenz | emulgieren. |

Füllen Sie 50 ml Sonnenblumenöl in eine geeignete Flasche und träufeln Sie 5 Tropfen Dillessenz hinein. Durch das Schütteln der Flasche vermischen sich die beiden Öle miteinander.

## Basilikum-Würzöl

| | |
|---|---|
| 50 ml Olivenöl | mit |
| 5 – 7 Tropfen Basilikumessenz | emulgieren. |

Sie können den Anteil der ätherischen Öle in den Würzölrezepten auf maximal 10 Tropfen in 50 ml Basisöl erhöhen, vor allem, wenn Sie mehr Zitrusöle verwenden, wie an den unten aufgeführten Würzölmischungen ersichtlich ist. Entsprechend Ihrer Kochleidenschaft und -erfahrung stellen Sie sich so Ihren individuellen „mobilen Kräutergarten" zusammen.

# Würzölmischungen für den Rezeptteil

## Capri-Würzölmischung

| | |
|---|---|
| 50 ml Haselnußöl | mit |
| 5 Tropfen Orangenessenz | und |
| 3 Tropfen Zitronenessenz | emulgieren. |

Würzölmischung für Müslis, süßen Grieß, Desserts oder feine Salatsaucen.

## O-sole-mio-Würzölmischung

| | |
|---|---|
| 50 ml Olivenöl | mit |
| 2 – 3 Tropfen Zitronenthymianessenz | |
| 1 – 2 Tropfen Rosmarinessenz | und |
| 5 – 7 Tropfen Clementinenessenz | emulgieren. |

Geeignet für die italienische Küche: Nudeln, Pasta, Sugo, Salate, Suppen; sollte in keinem Haushalt fehlen.

## Pizza-Würzölmischung

| | |
|---|---|
| 50 ml Olivenöl | mit |
| 2 – 3 Tropfen Majoranessenz | |
| 1 – 2 Tropfen Oreganoessenz | und |
| 2 Tropfen Zitronenessenz | emulgieren. |

Paßt gut zu Pizza und Pizzabrot; zum Bepinseln von Quicheböden geeignet.

## Dill & Co.-Würzölmischung

| | |
|---|---|
| 50 ml Sonnenblumenöl | mit |
| 2 Tropfen Dillessenz | |
| 1 Tropfen Estragonessenz | |
| 1 Tropfen Melissenessenz | und |
| 1 – 2 Tropfen Grüne Pfefferessenz | emulgieren. |

Diese Mischung kann leicht mit anderen ätherischen Ölen und frischen, gut abgetupften Kräutern wie Petersilie variiert werden; ideal für die heimische Küche.

## Rosmarin-Thymian-Würzölmischung

| | |
|---|---|
| 50 ml Olivenöl | mit |
| 3 Tropfen Rosmarinessenz | und |
| 2 – 3 Tropfen Thymianessenz | emulgieren. |

Gut zur Verdauungsförderung von fetten Speisen, Eintöpfen, Suppen, Aufläufen und Fleischgerichten.

## Provençal-Würzölmischung

50 ml Sonnenblumen- oder Olivenöl mit
2 Tropfen Lavendelessenz
1 – 2 Tropfen Muskatellersalbeiessenz
1 Tropfen Thymianessenz
1 Tropfen Oreganoessenz und
1 Tropfen Korianderessenz emulgieren.

Wunderbar geeignet für die französische Küche, für Salatdressings, Suppen oder zum Bepinseln von Gemüsegratins und gegrilltem Fleisch.

## Euro-Asia-Würzölmischung

50 ml Sonnenblumenöl mit
2 Tropfen Ingweressenz
1 – 2 Tropfen Limettenessenz
1 Tropfen Bayessenz oder Korianderessenz
1 Tropfen Grüne Pfefferessenz und
1 Tropfen Lemongrassessenz emulgieren.

Sehr gut für die Küche Asiens; ideal, um die europäische Küche mit einem Hauch asiatischem Flair zu versehen.
Aromatisierte Salze und aromatisiertes Tamari sind eine ideale Ergänzung Ihrer Kochkunst und verleihen den Speisen Pfiff:

## Muskatellersalbei-Salz

10 Tropfen Muskatellersalbeiessenz in ein Schraubglas träufeln und dieses drehen, damit die Glaswand benetzt wird.

100 g Salz in das Glas füllen und

| | |
|---|---|
| | kräftig schütteln. Das Salz in dem Glas fünf Tage stehen lassen und immer wieder schütteln. |

Muskatellersalbeisalz eignet sich zum Nachwürzen von Saucen und Dips. Fleischgerichte (Kalb, Rind) erst nach dem Braten salzen, damit das Fleisch nicht zäh wird.

## Orangen-Lemongrass-Salz

| | |
|---|---|
| 6 Tropfen Orangenessenz | und |
| 2 – 3 Tropfen Lemongrassessenz | in ein Schraubglas träufeln und dieses drehen, damit die Glaswand benetzt wird. |
| 100 g Salz | in das Glas füllen und kräftig schütteln. Das Salz in dem Glas fünf Tage stehen lassen und immer wieder schütteln. |

Orangen-Lemongrass-Salz eignet sich für Saucen, Dips, Fleischgerichte, Salate und Gemüse.
Als Geschenk können Sie die Gläser noch dekorativer gestalten, indem Sie eine ungespritzte Orange mit dem Zesteur abziehen und getrocknet in das aromatische Salz unterheben. Die Salze können bei Tisch zum Nachwürzen angeboten werden.

## Ingwer-Koriander-Tamari

| | |
|---|---|
| 100 ml Tamari (Sojasauce) | mit |
| 5 Tropfen Ingweressenz | und |
| 3 Tropfen Korianderessenz | emulgieren. |

## Bay-Nelken-Tamari

| | |
|---|---|
| 100 ml Tamari (Sojasauce) | mit |
| 4 Tropfen Bayessenz | |
| 3 Tropfen grüne Pfefferessenz | und |
| 1 Tropfen Nelkenessenz | emulgieren. |

Aromatisierte Tamaris sind ein sehr guter Salzersatz und eignen sich hervorragend für die asiatische Küche. Rührgebratenes Gemüse, Bambus und Sprossen im Wok, Reis, Nudeln und Tofu lassen sich damit aromatisieren. In Beizen für Tofu ist Tamari eine ideale Aromamarinade. Direkt in der Flasche auf den Tisch serviert, sind Tamaris erstklassig zum Nachwürzen.

*Eine weitere Variante, Gerichten und Getränken einen brillanten Geschmack zu verleihen, bieten aromatisierte Sirupe und Honige:*

## Clementine-Mandarine-Orangensirup

50 ml Ahornsirup und
50 ml Akazienhonig (oder nur Akazienhonig) vermischen.

| | |
|---|---|
| | Mit |
| 5 Tropfen Clementinenessenz | |
| 3 Tropfen Mandarinenessenz | und |
| 3 Tropfen Orangenessenz | emulgieren. |

Ideal zum Süßen von Früchtetees und -punsch, Limonaden, Sekt, Desserts, Müslis.

## Minz-Limonenhonig

| | |
|---|---|
| 100 ml Akazienhonig | mit |
| 7 Tropfen Zitronenessenz | |
| 3 Tropfen Grapefruitessenz | |
| 1 Tropfen Orangenessenz | und |
| 1 – 2 Tropfen Minzessenz | emulgieren. |

Erfrischend in Sommerdrinks, für Eiswürfel und gekühlte Desserts.

## Melissen-Ingwersirup

| | |
|---|---|
| 50 ml Ahornsirup | mit |
| 50 ml Akazienhonig (oder nur Akazienhonig) vermischen. | |

| | |
|---|---|
| 7 Tropfen Ingweressenz | mit |
| 2 Tropfen Melissenessenz | |
| 1 Tropfen Grüne Pfefferessenz | |
| 1 Tropfen Vanilleessenz | und |
| 1 Tropfen Grapefruitessenz | emulgieren. |

Geeignet für Nachspeisen, Tees, Gebäck, Aufstriche.

## Kakao-Kokos-Limettensirup

| | |
|---|---|
| 100 ml Akazienhonig | mit |
| 100 g Kokosflocken | innig vermischen. |

| | |
|---|---|
| | Mit |
| 7 Tropfen Kakaoessenz | |
| 5 Tropfen Vanilleessenz | und |
| 10 Tropfen Limettenessenz | kräftig emulgieren. |

Passend zu exotischen, sommerlichen Desserts, Parfaits, Drinks – sehr ausgefallen!

## Ahornsirup Tropical

| | |
|---|---|
| 100 ml Ahornsirup | mit |
| 5 Tropfen Vanilleessenz | |
| 3 Tropfen Kakaoessenz | |
| 1 Tropfen Cardamomessenz | |
| 1 Tropfen Ingweressenz | und |
| 5 Tropfen Limettenessenz | emulgieren. |

Ersatzweise kann diese Mischung auch mit anderen Zitrusölen wie Grapefruit, Mandarine oder Orange angesetzt werden. Paßt gut für Drinks, Desserts und aromatisierte Eiswürfel.

# Tips und Tricks für die praktische Anwendung in der Aromaküche

In schönen Fläschchen aus Grünglas abgefüllt sehen die Würzöle, Würzölmischungen, Salze, Tamaris, Sirupe und Honige sehr dekorativ aus. Frische Kräuter, die sorgfältig gewaschen und gut mit Küchenkrepp abgetupft sind, und julienne geschnittene Zitrusschalen von ungespritzten Früchten und Beeren oder Stücke von Rinde verstärken zusätzlich das Aroma.

Entsprechend der Füllmenge können Sie die Rezepturen verändern. Die Mischungen sind etwa zwei bis drei Monate nach Anbrechen der Flasche haltbar. Sirupe und Honige sind weniger verderblich und können deshalb in größeren Mengen hergestellt werden.

Verwendet werden die Mischungen teelöffel- und eßlöffelweise zum Abrunden von Gerichten, es sei denn, in der Rezeptur ist es anders vermerkt. Achten Sie jedoch darauf, daß ätherische Öle im Gegensatz zu den Mischungen nur tropfenweise angewandt werden dürfen!

Wenn Sie frische Kräuter für Ihre Gerichte verwenden, können Sie diesen noch einen Schuß Zitrusfrische verleihen, indem Sie das Schneidebrett mit 1 bis 2 Tropfen Zitrus- oder Kräuteröl bestreichen – ein Extra-Pfiff mit wunderbarem Aroma. Ebenso ist das Abpinseln mit aromatisierter Butter von gegartem, Gemüse, Kartoffeln, Quiches, Pizzaböden ein beliebter Kniff in der feinen Aromaküche, dies geht auch mit Würzölen und -mischungen.

Würzen mit Fingerspitzengefühl ist das A und O der Aromaküche, der oberste Grundsatz heißt „weniger ist mehr“. Ätherische Öle sind reine Aromastoffe in höchst konzentrierter Form, ein Tropfen Rosenöl enthält beispielsweise 30 Blüten. Sie sollten deshalb behutsam dosieren, da bereits ein Tropfen ein Gericht nachhaltig duftreich und aromastark verfeinert. Zu frischen Kräutern sind ätherische Öle eine ideale Ergänzung und wirken synergistisch (aufeinander aufbauend, vermehrend). Das bedeutet, daß wir von beiden Zutaten weniger benötigen und dennoch einen runderen und harmonischeren Geschmack erreichen können. Dies ist eines der entscheidenden Geheimnisse in der Aromaküche!

„Die Seele liebt in allen Dingen das diskrete Maß. Wann auch immer der Körper des Menschen ohne Diskretion ißt und trinkt oder etwas anderes dieser Art verrichtet, werden die Kräfte der Seele verletzt ... In allen Dingen soll sich der Mensch selbst das rechte Maß auferlegen.“
*Hildegard von Bingen*

Die Komposition eines Gerichts ist mit der eines edlen Parfüms zu vergleichen. Ebenso wie der Parfümeur das richtige Zusammenspiel der Düfte für eine Mischung kennt, wird auch ein guter Koch die feinen Zutaten und Gewürze für sein Gericht zusammenstellen und abstimmen. Auf dem eingelegten Plakat finden Sie Symbole für Kopf-, Herz- und Basisnoten, wie sie aus dem Bereich der Parfümerie bekannt sind. Sie ermöglichen Ihnen ein harmonisches Mischen dieser drei Komponenten auf übersichtliche Weise.

# Aromagaren, Aromadünsten und aromatisches Rührbraten im Wok

Aromagaren und Aromadünsten ist der Clou in der Aromaküche. Sie brauchen dazu einen Wassertopf, auf den Sie einen Bambussteamer (Dämpfer) setzen können. Oder Sie verwenden einfach einen Dampftopf mit einem gelöcherten Einsatz, arbeiten dabei allerdings ohne Dampfdruck. In den unteren Teil des Topfes kommen ca. ½ – 1 l Wasser, je nach Gemüsemenge. In den letzten 2 bis 5 Minuten des Kochvorgangs träufeln Sie reine ätherische Öle wie Fenchel, Ingwer, Majoran, Koriander oder Lemongrass einzeln oder bereits gemischt direkt in das köchelnde Wasser. So können beispielsweise Gemüse, Fisch oder Teigwaren wunderbar von dem duftenden Wasserdampf schonend aromagegart und gedünstet werden.

In der traditionellen asiatischen Küche werden im Wok Gemüse aller Art, Sprossen, Fisch, Fleisch, Reis und Nudeln unter Rühren mit Holzlöffeln angebraten. Seit die euro-asiatische Kochkunst bei uns mehr und mehr bekannt wird, ist schonendes Rührbraten im Wok längst kein Geheimnis mehr und nimmt an Beliebtheit zu. Für diese Kochtechnik eignen sich ausgesprochen die aromatisierten Tamaris (Sojasaucen) und Würzöle. Während des letzten Rührvorgangs werden Sie tee- und eßlöffelweise zugegeben.

## Emulgatoren in der Aromaküche

Als Emulgatoren, die in der Aromaküche sowohl für Süßes als auch Salziges möglich sind, eignen sich:
alle Arten von fetten Ölen wie Oliven-, Sonnenblumen-, Haselnuß- und Distelöl,
Butter,
Eigelb,
griechischer Joghurt,
Sahne / saure Sahne,
Nußmuse (alle Arten),
Avocado (eher salzig),
Alkohol / Weingeist 96 % Vol.,
Korn und Schnaps,
Joghurt (nur mit elektrischem Mixer emulgieren).

*Emulgatoren für Salziges:*
Essig / Weinessig,
Salz,
Tamari (Sojasauce),
Mayonnaise,
Senf.

*Emulgatoren für Süßes:*
fette Milch,
Honig (vorzugsweise Akazienhonig),
Ahornsirup,
Vollrohrzucker,
Melasse und Malz (alle Arten; auf den starken Eigengeschmack achten).

# Wissenswertes über ätherische Öle

Ätherische Öle sind die Duft- und Aromastoffe einer Pflanze. Sie kommen in den Wurzeln, Stengeln, Blättern, Blüten, Früchten und Samen in konzentrierter Form vor. Kontrolliert biologischer Anbau und pflanzengerechter Standort der Kultur- oder Wildpflanzen sind wichtige Voraussetzungen für die Gewinnung eines hochwertigen ätherischen Öls mit reichhaltiger Inhaltsstoffpalette. Diese bildet die Grundlage ausgeprägter Geschmacks- und Geruchsfülle und wird dadurch auch zur idealen Voraussetzung verdauungsfördernder Prozesse.

Die Art der Gewinnung hundert Prozent reiner ätherischer Öle hängt davon ab, in welchem Pflanzenteil sich das ätherische Öl befindet. Die gebräuchlichste Methode zur Gewinnung der reinen Pflanzendestillate ist die Wasserdampfdestillation. Sie erfordert ein hohes Maß an Können und Erfahrung, um beste Qualität zu erzielen. Zerkleinertes Pflanzenmaterial wird in einem Destillationsgefäß (Alambic) auf einen Rost geschichtet. Der durchgeleitete Wasserdampf löst das ätherische Öl – auch Essenz genannt – aus dem Pflanzengut. Mit dem Abkühlen des Wasserdampfs trennen sich das ätherische Öl wieder vom Wasser und wird im „Florentinertopf" aufgefangen. Dabei schwimmt in der Regel das kostbare ätherische Öl, das meistens leichter als Wasser ist, auf der Wasseroberfläche und kann abgeschöpft werden. Das Wasser selbst nimmt dabei einen kleinen Teil von Duft- und

Aromastoffen auf und wird zum Hydrolat (beispielsweise Rosen-, Orangenblüten-, Lavendel- oder Minzwasser; diese Wässer sind bekannt aus der südlichen Küche wie Türkei, Marokko und Indien). Unter Berücksichtigung dieser Faktoren bleiben wichtige Inhaltsstoffe der Pflanzen weitgehend erhalten.

Die Aromen der Zitrusfrüchte (zum Beispiel Orange, Grapefruit, Mandarine) befinden sich in der Fruchtschale und werden durch Kaltpressung, der sogenannten Expression, gewonnen. Nach dem Waschen, Halbieren und Entsaften der Früchte werden die zerkleinerten Fruchtschalen kalt gepreßt. Wichtig dabei ist ein schonendes Verfahren ohne zugeführte Hitze, um so die wertvollen Bestandteile, Inhaltsstoffe und vor allem die Vitamine zu erhalten. Durch Zentrifugieren trennt sich schließlich die Essenz aus dem Öl-Wasser-Gemisch. Die Zitrusöle werden korrekterweise Essenzen genannt.

Einige besondere Aromen (wie Vanille oder Kakao) werden durch Extraktion mit Trinkalkohol gewonnen. Das Honigöl extrahiert man mit Weingeist aus den Bienenwaben, es hat dadurch einen eher propolisartigen (bienenwabenartigen) Geschmack.

Alle übrigen kostbaren Blütenöle, gewonnen durch chemische Lösungsmittel, werden in der Aromaküche nicht verwendet!

Bitte achten Sie beim Einkauf von ätherischen Ölen und Essenzen darauf, daß sie nach den oben genannten Verfahren gewonnen wurden und hundert Prozent rein sind. Die vielen Billigöle, die mittlerweile überall erhältlich sind, werden meistens mit Hilfe chemischer Lösungsmittel, zum Beispiel Hexan, ausgezogen und sind für die Aromaküche nicht geeignet.

Vom Gebrauch sogenannter naturidentischer Öle – synthetisch hergestellte Öle sowie Mischöle, eine Kombination aus synthetischen und natürlichen Ölen – ist wegen ihrer gesundheitsschädigenden Wirkung dringend abzuraten.

Hundert Prozent reine Öle sind häufig etwas teurer, der Preisunterschied zahlt sich aber in jeder Hinsicht aus. Sie finden diese qualitativ hochwertigen ätherischen Öle in Naturkostgeschäften, Reformhäusern und speziellen Duftläden (mit reinen ätherischen Ölen). Firmen wie „Primavera life" bieten sogar eine ausgesuchte Palette an bereits fertigen Würzölen und Würzessenzen von bester Qualität an.

# Eine Duftspur durch die Gewürzgeschichte

## Von der Altsteinzeit bis Kaiser Nero

Die duftende, aromatische Spur der Kräuter, Gewürze, Beeren und Früchte führt bis in die Altsteinzeit zurück. Zur Geschmacksverbesserung des damals wahrscheinlich noch roh verzehrten Wildfleischs wurden Blätter und Früchte verwendet. Vermutlich ist die Beigabe von Aromaten älter als die Entdeckung des Feuers.

Die ältesten Schriften, in denen Kräuter erwähnt werden, sind um 4000 v. Chr. bei den Chinesen, Phoeniziern, Babyloniern, Indern und Ägyptern zu finden. Die Sumerer in Mesopotamien meiselten Angaben über Kräuter wie Lorbeer, Thymian und Kümmel auf kleine Tontäfelchen. In China wurden bereits 3000 v. Chr. Sternanis, Muskat, Nelken und Zimt verwendet, wie einer Sammlung von Kräuter- und Arzneivorschriften aus dieser Zeit zu entnehmen ist. Der Beginn der *Aromaküche* könnte allerdings noch weiter zurückliegen, da die Chinesen schon länger Kenntnisse über die Destillation von Kräutern hatten, um mit den daraus gewonnenen ätherischen Ölen alkoholische Getränke zu konservieren.

Der babylonische König Merodoch-Baladan hinterließ 700 v. Chr. die erste Nutzgartenkunde der Welt mit Beschreibungen und Anbauvorschriften für Gewürze und Kräuter.

Im Hohen Lied Salomons, dem König von Babylon, findet die Freude über den Duft der Gewürze in poetischen Versen ihren Ausdruck:

„Steh auf Nordwind und komm Südwind,
und ziehe durch meine Gärten,
daß der Duft ihrer Gewürze ströme.“
*Salomon, Kap. 4, Vers 16*
„Du bist gewachsen wie ein Lustgarten von
Granatäpfeln mit edlen Früchten, Zyperblumen
mit Narde.“
*Salomon, Kap. 4, Vers 13*

Die sagenumwobene Königin von Saba verhalf Salomon zu einem unvergleichlichen Reichtum, indem sie ihn mit Gewürzen und anderen Schätzen überhäufte. Ihr Land „Felix Arabia“ (glückliches Arabien), das heutige Jemen, wurde durch die Verbindung zwischen Saba und König Salomon und dem daraus entstandenen blühenden Handel mit Gewürzen weit über seine Grenzen hinaus berühmt.

400 v. Chr. brach die große Zeit der Kräutigerheilkundigen bei den Griechen und Römern an. Bekannte Namen sind Hippokrates, Plinius, Galenos und Dioskurides, die in ihren Werken insgesamt 600 Pflanzen genau analysierten und beschrieben. *In der Schriftensammlung „Corpus Hippocraticum“ ist zu lesen: „Eure Nahrung sollen Heilmittel und eure Heilmittel sollen Nahrung sein.“* Dies konnte sich für so manchen Leibkoch existentiell auswirken – und nicht für den Leibarzt –, der zum Tode verurteilt wurde, wenn sein König oder Fürst schwer erkrankte.

Das Wissen, daß zwischen Heilung und Nahrung ein enger Zusammenhang besteht, machten sich auch unsere Großmütter zunutze, indem sie dem Brotteig verdauungsfördernde Gewürze wie Anis, Fenchel, Kümmel und Koriander beimengten oder ihren ganzen Ehrgeiz in die Herstellung einer guten Suppengrundlage, der „Chu“ (Kraftbrühe), hineinlegten.

In den Küchen der Griechen wurden beispielsweise Kürbis mit Lorbeer und Kümmel, Suppen mit Salbei, Minze, Koriander und Thymian verfeinert. Der Granatapfel galt als Apfel des Paris, die „goldenen Äpfel der Hesperiden“ waren die Quitten, aus denen griechische Hausfrauen mit Honig,

Wein und Konfitüren herstellten. Bevorzugtes Gewürz antiker Liebesgetränke war Koriander, und Olivenöl war den Griechen selbstverständlich, schließlich hatte Pallas Athene der Sage nach den Athenern den Ölbaum geschenkt.

Nach und nach entwickelte sich Rom zur Hochburg der feinen Tischsitten und des „kultivierten Schmausens". Mit den Philosophen, Dichtern und Rednern kamen die Kochkünstler in diese Stadt, und um Christi Geburt entstand eine Hochblüte der Feinschmeckerei. Wohlgerüche durchwehten die Speisesäle; nach jedem Gang legten Diener neues Tafelgeschirr auf und reichten Schalen, gefüllt mit Rosen- und Duftwässern, in denen die Hände gewaschen wurden.

Eine große Bereicherung erfuhr die römische Küche durch die Pflanzungen von armenischen Aprikosen, persischen Pfirsichen und Kirschen in den Nutzgärten. In dieser Zeit der Fülle und des Luxus entstand das erste bekannte Kochbuch *„De arte coquinaria"* (Die Kochkunst). Als Autor wird Apicius, ein über seine Zeit hinaus bekannter Feinschmekker unter Kaiser Tiberius, angesehen. Die Rezeptesammlung bestand aus 12 Bänden und beschrieb unter anderem die Konservierung von Nahrungsmitteln und die Herstellung gewürzter Weine, wie Veilchen- und Rosenwein (siehe Rezeptteil). *Brillat Savarin, ein großer französischer Feinschmecker des letzten Jahrhunderts, schrieb dazu: „In folge jenes Hanges zur Übertreibung ... bemühte man sich, die Weine würziger und aromatischer zu machen und versetzte sie mit Essenzen, Gewürzen und mannigfachen Arzneistoffen."*

Eines der Lieblingsgerichte Kaiser Neros war der Rosenpudding. Mit der Beigabe von ein bis zwei Eßlöffeln Rosenwasser können Sie selbst einen einfachen Vanillepudding verzaubern. Apicius bereitete aus Minze, Pfeffer, Pinienkernen, Rosinen, Möhren, Honig, Moschus, Wein, Essig und Olivenöl eine süß-saure Soße. Das „ova melitta" (honiggetränktes Ei) war die Urform des Omelettes.

Sind Sie neugierig geworden und wollen diese ausgefallene Aroma- und Geschmacksspur der Römer kennenlernen?

In Trier haben Sie die Möglichkeit, in einem römischen Spezialitätenrestaurant (Adresse siehe Anhang) zu speisen, das nach Originalrezepten von Apicius kocht. Eine kulinarische Reise in die Vergangenheit ist Ihnen sicher.

# Suppen

# Suppen

Traditionell wird in der französischen Küche die Suppe als erster Gang serviert. Selbst gegenüber den appetitanregenden Vorspeisen nimmt sie eine solche Vorrangstellung ein, daß häufig in den ländlichen Gebieten das Abendessen nach ihr benannt ist – *le souper*. Auch in der herkömmlichen chinesischen Medizin und Kochkunst gelten Suppen als gesunder und gelungener Anfang eines ausgewogenen Menüs.

Servieren Sie ganz nach Ihrem Geschmack – die Suppe kann durchaus eine Mahlzeit ersetzen!

## Zwei leichte Suppen für die Fünf-Minuten-Küche

### Zitronenschaumsuppe

| | |
|---|---|
| 1 l Gemüsebrühe | aufkochen. |
| 5 Tropfen Zitronenessenz | |
| 2 Tropfen Clementinenessenz | und |
| 1 Tropfen Muskatessenz | in |
| 200 ml Sahne | emulgieren und mit dem Schneebesen kurz an |

| | |
|---|---|
| | schlagen. Die Sahne soll nicht steif werden. |

Die aufgekochte Gemüsebrühe von der Herdplatte nehmen und die Sahne unterziehen.
In Suppentassen füllen und mit abgezogener Zitronenschale oder einem Minzblatt garnieren.

## Zuppa di Mentha – Suppe von Minzschaum

| | |
|---|---|
| 1 l Gemüsebrühe | aufkochen. |
| 2 TL Pfeffer-Würzöl<br>3 – 5 Tropfen Minzessenz<br>200 ml Sahne | und<br>in<br>emulgieren und mit dem Schneebesen kurz an schlagen. Die Sahne soll nicht steif werden. |

Die aufgekochte Gemüsebrühe von der Herdplatte nehmen und die Sahne unterziehen.
In Suppentassen füllen und mit einem Minzblatt garnieren.

## Coole Suppen für heisse Tage

An den heißen Tagen ist der Durst größer als der Hunger; die Lust auf leichte Küche steigt, die Lust aufs Kochen hingegen sinkt. Wunderbar erfrischend wirken gekühlte Früchtesuppen.

### Gekühlte oder geeiste Nektarinen-Melonensuppe

| | |
|---|---|
| 1 reife Galia- oder Honigmelone | halbieren und entkernen. Das Fruchtfleisch im Mixer pürieren. |
| 4 reife Nektarinen | waschen, in Scheiben schneiden und mit der Melone im Mixer pürieren. |
| 1 Orange | entsaften und den Saft mit den Melonen und Nektarinen im Mixer pürieren. |
| 2 Tropfen Minzessenz<br>2 Tropfen Grüne Pfefferessenz<br>1 TL Akazienhonig<br><br>etwas Salz | und<br>in<br>emulgieren, in die Masse unterziehen und mit<br>abschmecken. |

Die Suppe 20 Min. im Kühlfach kühlen oder 40 Min. im Gefrierfach aneisen. In gekühlten Tellern oder angeeisten Glasschalen anrichten. Mit jeweils ein oder zwei Minzblättern garnieren.

## Melonen-Grapefruit-Kaltschale

Sommersuppe on the Rocks

| | |
|---|---|
| 2 kleine Honigmelonen | halbieren, entkernen und in dünne Halbmonde schneiden. |
| 2 Grapefruits | filetieren. |

4 tiefe Teller mit den Melonenmonden rosettenartig garnieren. In die Mitte die Grapefruitfilets legen.

| | |
|---|---|
| 5 Tropfen Grapefruitessenz | |
| 2 Tropfen Vanilleessenz | und |
| 1 Tropfen Grüne Pfefferessenz | in |
| 0,5 l trockenem Weißwein | emulgieren. |

Den aromatisierten Wein über die Früchte gießen, so daß sie vollständig bedeckt sind. Mit einem frischen Minzblatt garnieren. Vor dem Servieren eine Stunde kühlen.
Sie können, um die Kühlzeit zu verkürzen, ein Viertel des aromatisierten Weins in Eiswürfelbehältern im Tiefkühlfach gefrieren und den Rest des Weins im Kühlschrank kühlen. Kurz vor dem Servieren werden die Eiswürfel auf die bereits arrangierten Teller verteilt.

## Gekühlte Hühnerconsommé

100 g Sellerieknolle (wahlweise auch 100 g Petersilienwurzel)

| | |
|---|---|
| 100 g Lauch | und |
| 100 g Möhren | in kleine, gleichgroße Würfel schneiden. |
| 1 l Hühnerbrühe | entfetten, das Gemüse darin 2 Min. garen. |

Das Gemüse in Eiswasser kurz abschrecken und abtropfen. Die Brühe durch Einköcheln auf ein Drittel reduzieren.

| | |
|---|---|
| 5 Blatt Gelatine (oder 5 TL Pfeilwurzelmehl) in Wasser vor | weichen und in der Brühe lösen. |
| 3 Tropfen Grüne Pfefferessenz<br>1 Tropfen Korianderessenz<br>1 Tropfen Bayessenz<br>2 cl Sherry medium oder dry<br><br>Salz | <br>und<br>in<br>emulgieren, in die Brühe unterziehen und mit<br>abschmecken. |
| Sobald die Brühe geliert, das Gemüse dazugeben. | |
| 2 TL frische Kräuter (wie Petersilie und Kresse) hacken. | |
| Ein bis zwei Stunden kühlen, in Portionsschalen füllen und mit den Kräutern servieren. | |

## SUPPENFREUDEN

### MINESTRONE

| | |
|---|---|
| 1 kg Gemüse (wie Möhren, Kartoffeln, Zucchini, Erbsen, Bohnen)<br>1 große Zwiebel | und<br>kleinschneiden. |
| 5 Tomaten | überbrühen, enthäuten und kleinschneiden. |
| 4 EL Olivenöl<br>1 TL Basilikum-Würzöl<br>1 TL Oregano-Würzöl<br>1 TL Dill & Co.-Würzölmischung (S. 19) in einem Suppen | <br><br>und<br>topf kurz erhitzen, Zwiebel, Möhren und Zucchini darin leicht anbraten, |

| | |
|---|---|
| | mit |
| ¾ l Gemüsebrühe | aufgießen und das übrige Gemüse hineingeben. 15 Min. bei schwacher Hitze ziehen lassen. |

## Pürierte Bay-Majoran-Karottensuppe

| | |
|---|---|
| 1 Pfund Karotten | kleinschneiden und in |
| 1 l Gemüsebrühe | weichkochen oder aromagaren. |

Gemüsebrühe durchsieben, Karottenstücke im Mixer oder mit dem Rührgerät pürieren. Anschließend die Masse wieder in die Gemüsebrühe einrühren.

| | |
|---|---|
| 3 EL Sahne | |
| 1 EL Hefeflocken | |
| 1 TL Bay-Würzöl | und |
| 1 TL Majoran-Würzöl | kräftig vermischen und in die Suppe einrühren. |

3 Min. bei schwacher Hitze ziehen lassen.

## Karottenpüreesuppe mit Limettenhühnerbruststreifen

| | |
|---|---|
| ½ Zwiebel | julienne schneiden und in |
| 50 g Butter | hell anschwitzen. |
| 300 g Karotten | schälen und raspeln, zu den Zwiebeln geben und 5 Min. mitziehen lassen. Die Masse mit |

| | |
|---|---|
| 30 g Dinkelmehl<br>1,2 l entfettetem Geflügelfond | bestäuben, mit<br>auffüllen und 20 Min. leicht köcheln lassen. |
| 150 g gekochte Hühnerbrust | 2 cm julienne schneiden und in sechs vorgewärmte Suppentassen aufteilen. |
| 6 Tropfen Limettenessenz<br>3 Tropfen Grüne Pfefferessenz (oder 1 TL Pfeffer-Würzöl)<br>1 Tropfen Ingweressenz<br>0,2 l Sahne<br><br><br>1 kräftigen Prise Meersalz | <br>und<br>in<br>emulgieren. Die aromatisierte Sahne in die Suppe einrühren und mit<br>abschmecken. |
| 6 EL Sahne | steifschlagen. |
| 2 TL Petersilie | hacken. |

Die Suppe auf sechs Suppentassen verteilen, mit feingehackter Petersilie bestreuen und jeweils einem Eßlöffel Sahnehaube servieren.

## Pürierte Kartoffelsuppe in gewürzter Gesellschaft

| | |
|---|---|
| ½ Pfund Kartoffeln<br><br>1 l Gemüsebrühe | schälen, kleinschneiden und in<br>weichkochen. |
| 1 große Zwiebel<br>etwas Öl | kleinschneiden, mit<br>anschwitzen und zu der Flüssigkeit geben. |
| 2 EL Sahne<br>1 EL Hefeflocken | |

| | |
|---|---|
| 1 TL Majoran-Würzöl<br>1 TL Rosmarin-Thymian-Würzölmischung (S. 19)<br>1 TL Muskat-Würzöl<br>1 TL Lorbeer-Würzöl | und<br>kräftig vermengen und in die Suppe einrühren. 5 Min. ziehen lassen, und vor dem Servieren |
| 3 EL Sauerrahm | mit dem Schneebesen einrühren. |

## Avocadocremesuppe

| | |
|---|---|
| ¾ l Gemüsebrühe | aufkochen. |
| 2 Avocados | von Kern und Schale befreien und im Mixer pürieren. |
| 250 g Sauerrahm<br>1 TL Estragon-Würzöl<br>2 Tropfen Orangenessenz<br>1 Tropfen Grüne Pfefferessenz<br>Saft ½ Zitrone<br>1 Prise Meersalz | und<br>mit den Avocados im Mixer pürieren. |

In die Gemüsebrühe rühren und bei schwacher Hitze 5 Min. lang quellen lassen, nicht mehr aufkochen.

| | |
|---|---|
| 1 TL frische Kräuter | hacken und damit garnieren. |

## Tomatensuppe „Palermo“

| | |
|---|---|
| 1 kg Tomaten | überbrühen, enthäuten und würfeln. |
| 1 Kartoffel | schälen und kleinwürfeln. |
| 2 Zwiebeln | kleinhacken. |
| ½ Tasse Olivenöl | im Suppentopf erhitzen, die vorbereiteten Zutaten kurz darin andünsten und unter Zugabe von etwas Wasser 15 Min. lang einkochen lassen. |
| 1 EL Oregano-Würzöl<br>1 TL Liebstöckl-Würzöl<br>1 TL Basilikum -Würzöl<br>1 l Gemüsebrühe | <br>und<br>hineinrühren. Mit<br>ablöschen. |
| 3 Scheiben Weißbrot | in Würfel schneiden und in der Pfanne rösten. |
| Meersalz<br>Pfeffer<br>2 TL frische Kräuter | und<br>zum Abschmecken.<br>hacken und mit den Weißbrotwürfeln auf die Suppe geben. |

## Kräftige Grünkernsuppe – für kalte Tage

| | |
|---|---|
| 250 g Grünkernschrot | in der Pfanne rösten. |
| 1 Zwiebel<br><br><br>dreifachen Menge Gemüsebrühe | kleinschneiden, andünsten und mit dem Grünkernschrot in der weichkochen. |
| 1 TL Basilikum-Würzöl<br>1 TL Estragon-Würzöl<br>1 EL Hefeflocken<br>200 g Sauerrahm | <br>und<br>in<br>vermengen und in die Suppe einrühren. 15 Min. lang ziehen lassen. |
| 1 EL Sesam | rösten und damit die Suppe garnieren. |

## Linsensuppe Euro-Asiatisch

| | |
|---|---|
| 3 Stangen Bleichsellerie<br>5 mittelgroße Möhren | und<br>in dicke Scheiben schneiden. |
| 1 große Zwiebel<br>1 l Wasser | vierteln. Das Gemüse in<br>10 Min. bißfest kochen. |

Sellerie und Zwiebeln entfernen, Möhren durch ein Sieb passieren und der Brühe wieder dazugeben.

| | |
|---|---|
| 1 Zwiebel<br>3 feingewiegte Schalotten<br>2 zerdrückte Knoblauchzehen<br>2 EL Butter<br>1 Lorbeerblatt<br>1 Tasse helle Linsen | hacken,<br>und<br>in<br>anschwitzen, mit<br>und<br>mit Wasser bedecken und 6 Stunden quellen lassen. In die Gemüse- |

| | |
|---|---|
| | brühe geben. 30 – 40 Min. köcheln lassen und eventuell ab und zu etwas Wasser nachgießen. |
| 1 Zitrone | entsaften, |
| 2 TL Euro-Asia-Würzölmischung (S. 20) | |
| 1 TL Sellerie-Würzöl | und |
| 1 TL Lorbeer-Würzöl | in die Suppe einrühren. |

Die Suppe mit frischem Basilikum garnieren.

## Sellerierindfleischsuppe à la Hildegardis

| | |
|---|---|
| 500 g mageres Rindfleisch | |
| 1 Bund Suppengemüse | und |
| 1 ganze Zwiebel | in |
| 1 l Gemüsebrühe | kurz aufkochen, dann leicht köchelnd in 1,5 bis 2 Stunden weichkochen. |
| 2 mittelgroße Knollen Sellerie | dünn schälen, in feine Scheibchen schneiden und in der Brühe garkochen. |
| 2 Tropfen Galgantessenz | in |
| 1 EL Dill & Co.-Würzölmischung (S. 19) | emulgieren und in die Suppe einrühren. |
| Salz | und |
| Pfeffer | zum Abschmecken. |
| 1 EL frische Küchenkräuter (wie Petersilie und Schnittlauch) | hacken. |

Das Fleisch in kleine Scheibchen schneiden und zusammen mit den Selleriescheibchen und den Kräutern in gewärmten Suppenschalen servieren.

## Suppe für Festtage

### Möhrensuppe mit Rosenbutter

| | |
|---|---|
| 500 g Möhren | in Scheiben schneiden. |
| 2 EL Butter<br>1½ l kräftiger Gemüsebrühe | zerlassen, Möhren darin anschwitzen und mit<br>auffüllen. Etwa 20 – 30 Min. leicht köcheln lassen. |
| Mit dem Pürierstab sämig schlagen, aufkochen und vom Herd nehmen. | |
| 250 g saure Sahne | unterziehen. |
| 2 EL Butter | zerlassen, von der Flamme ziehen. |
| 1 Tropfen Karottensamenessenz<br>3 – 5 Tropfen Rosenöl | und<br>mit der abgekühlten Butter vermischen. Die Butter in die Suppe einrühren. Mit |
| Salz<br>Pfeffer | und<br>abschmecken. |
| 6 EL Sahne | steif schlagen. |

Mit ungespritzten Rosenblättern (Centifolia) und Sahnehäubchen garnieren.

# Vorspeisen – Antipasti

# Vorspeisen – Antipasti

Beim Essen ist der „gelungene Start" wichtig, denn gerade die Vorspeisen stimmen auf den Hauptgang ein, stillen den ersten Hunger und sorgen für die richtige Atmosphäre bei Tisch. So sind Vorspeisen und Antipasti der Anfang jedes italienischen Essens mit Charakter und Stil, ein Muß für sommerliche Gerichte, eine Augenweide fürs Buffet. Für den kleinen Hunger und für jedes Picknick haben Vorspeisen genau das richtige Maß.

Verschiedene gedünstete Gemüse wie Bohnen, Karotten, Zucchini, Blumenkohl oder Broccoli eignen sich in einer entsprechenden Marinade sehr gut als Vorspeisen:

## Marinade für Antipasti (Vorspeisen)

2 Tassen milden Weinessig oder trockenen Weißwein
1/2 Tasse Olivenöl
1 TL Lorbeer-Würzöl
1 TL Thymian-Rosmarin-Würzölmischung (S. 19)
1 TL Estragon-Würzöl
1 zerdrückte Knoblauchzehe (wahlweise) und
frische gehackte Kräuter

zu einer Marinade verrühren, über das vorbereitete Gemüse geben.

Eignet sich sehr gut zu geraspelten oder in Streifen geschnittenem Gemüse – den Crudités –, Rohkostplatten oder eingelegten getrockneten Tomaten.

## Avocado-Möhren-Cocktail

| | |
|---|---|
| 1 Avocado | entkernen und in kleine Stücke schneiden. |
| 3 Möhren<br>1 Fenchelknolle | und<br>raspeln. |
| 1 TL Sojasauce (Tamari)<br>1 – 2 Tropfen Grüne Pfefferessenz<br>1 TL Muskat-Würzöl<br>1 TL Basilikum-Würzöl | vermengen und unter die übrigen Zutaten mischen, in Cocktail-Gläser füllen. |
| 1 Möhre | in Streifen schneiden und den Cocktail damit garnieren. |

## Marinierte Koriander-Möhren

| | |
|---|---|
| 500 g junge Möhren | schälen oder kräftig bürsten und in Scheiben schneiden. |
| 100 ml Gemüsebrühe<br>2 EL Weinessig | mit<br>aufkochen und darin ca. 3 Minuten die Möhren dünsten. |
| 1 TL Akazienhonig | mit |

| | |
|---|---|
| 3 Tropfen Korianderessenz | und |
| 2 Tropfen Orangenessenz | emulgieren und im Sud 3 Min. mitdünsten und erkalten lassen. |

3 EL Olivenöl und
2 EL Petersilie-Würzöl oder wahlweise 2 EL O-sole-mio-Würzölmischung (S. 18) untermischen. Mit
2 EL gehacktem Petersiliekraut oder frisch geschnittenem Korianderkraut zum Bestreuen servieren.

## Minz-Sorbet mit Melone

| | |
|---|---|
| 200 g Honig (Akazienhonig) | in |
| 500 ml Wasser | auflösen und 2 Minuten leicht köcheln lassen. Das Honigwasser 2 - 3 Minuten abkühlen lassen. |
| 5 Tropfen Zitronenessenz | mit |
| 1 TL Honig | emulgieren. Den Honig in das abgekühlte Honigwasser einrühren. |
| ½ Handvoll frische Minzblätter | grob hacken und zusammen mit dem |
| Saft 1 Zitrone | in eine Schüssel geben. |
| 1 TL Ahornsirup oder Honig | mit |
| 1 – 2 Tropfen Minzessenz | emulgieren, |
| 1 Topfen Korianderessenz | unterziehen und mit den Minzblättern vermengen. Das abgekühlte Honigwasser dazugeben. |

Die Sorbetmasse 2 – 3 Stunden im Tiefkühler einfrieren, bis sie anfängt, fest zu werden. Für den Limetteneischnee:

| | |
|---|---|
| 2 Eiweiße | steifschlagen. |
| 1 TL Ahornsirup oder Honig | mit |
| 2 Tropfen Limettenessenz | emulgieren und vorsichtig unter den Eischnee ziehen. |
| 6 große Minzblätter | mit dem vorbereiteten Limetteneischnee bepinseln (Vorder- und Rückseite), danach entweder trocknen oder gefrieren lassen. |

Den Rest Limetteneischnee unter die bereits im Eisfach ruhende Sorbetmasse einrühren und weiter gefrieren lassen, bis sie sich von der Konsistenz zum Spritzen eignet.

*Serviervorschlag:*
1 grünfleischige Melone (vorzugsweise Galia) in 12 Teile schneiden und auf 6 Desserttellern V-förmig anordnen. Die fertige Sorbetmasse darauf spritzen oder mit 2 Löffeln ausstechen und auf den Melonenstücken arrangieren.
Mit den Minzblättern garnieren.

## Pasteten mit Bay-Karottenwürfeln

| | |
|---|---|
| 4 Karotten | in kleine Würfel schneiden und in |
| 1 Tasse Gemüsebrühe | gardünsten oder aromagaren. |
| 50 g Butter | mit |
| 1 EL feinem Vollwertmehl (Dinkel) | zu einem Teig kneten. |
| 100 g sahnigen Frischkäse | |
| 1 TL Bay-Würzöl | |
| 1 TL O-sole-mio-Würzölmischung | (S. 18) und |
| 1 EL trockenen Weißwein | mit der abgesiebten Ge- |

| | |
|---|---|
| | müsebrühe vermischen und den Teig einrühren, die Karotten beigeben, 10 Min. lang ziehen lassen. |
| frische Petersilie | hacken. |

6 Blätterteigpasteten füllen, mit frischer Petersilie überstreuen und im vorgeheizten Backofen 10 Min. lang bei mittlerer Hitze backen.

## Olivenpastete

| | |
|---|---|
| 1 Pfund grüne eingelegte Oliven | entkernen und kleinhakken. |
| 2 EL Dinkelmehl<br>50 g Butter | mit<br>zu einem Teig kneten. |
| 2 EL konzentriertes Tomatenmark mit<br>1 TL Basilikum-Würzöl<br>1 TL Thymian-Rosmarin-Würzölmischung (S. 19) und<br>1 TL Oregano-Würzöl | vermengen und mit dem Teig in etwas heißes Wasser einrühren. Die Olivenstücke dazugeben, mit |
| Pfeffer<br>Salz<br>etwas Honig | <br>und<br>abschmecken. |

10 Min. ziehen lassen, in die Pastetenform füllen und im vorgeheizten Backofen 10 Min. lang bei mittlerer Hitze backen. Ideal für jedes Picknick!

# Salate

# Salate

## Tofu-Salat mit Trauben

| | |
|---|---|
| 250 g Tofu in Würfel | schneiden. Eine Marinade aus |
| 3 EL Weißwein-Essig<br>1 TL Honig<br>1 TL Senf<br>2 TL Capri-Würzölmischung (S. 18) und | |
| 2 Tropfen Grüne Pfefferessenz | zubereiten. Mit |
| etwas Meersalz | und |
| 1 TL Hefeflocken | abschmecken. Die Marinade mit |
| 2 EL Wasser | verdünnen, die Tofuwürfel damit beträufeln und zwei Stunden in einem bedeckten Gefäß ziehen lassen. |
| 2 Schalotten mit Grün | in feine Ringe schneiden, |
| 1 rote Paprika | in feine Streifen schneiden, |
| 200 g helle Weintrauben | halbieren und die Kerne entfernen. Alle Zutaten miteinander vermischen |

| | |
|---|---|
| | und mit |
| 2 EL grobgehackte Haselnüsse | bestreuen. |

## Mozarella mit Basilikumtomaten

| | |
|---|---|
| 2 Portionen Mozarella | in Scheiben schneiden, |
| 2 – 3 Fleischtomaten | in Scheiben schneiden, |
| ca. 15 frische Basilikumblätter | waschen. |

Die geschnittenen Mozarella- und Tomatenscheiben abwechslungsweise auf einer Platte anrichten, dazwischen werden die Basilikumblätter gelegt.

| | |
|---|---|
| 1 EL Basilikum-Würzöl | |
| wenig Kräutersalz | und |
| gemahlener Pfeffer oder 1 – 2 Tropfen Grüne Pfefferessenz | |
| | in |
| 1 – 2 EL Olivenöl | emulgieren und mit dem |
| Saft ½ Zitrone | abschmecken. Über den Mozarella mit den Basilikumtomaten gießen. |

## Tomatensalat

| | |
|---|---|
| 6 Tomaten | in Scheiben schneiden, |
| 1 Zwiebel | in Ringe schneiden und auf die Tomate legen. |

| | |
|---|---|
| 2 EL Olivenöl | |
| 1 TL Basilikum-Würzöl oder 1 TL Majoran-Würzöl | |
| 1 Prise Salz | |
| 1 zerdrückte Knoblauchzehe | (wahlweise) zu einer Salatsauce mischen und über die Tomaten geben. |

## Frühlings-Käsesalat

| | |
|---|---|
| 2 Paprika, rot und grün | in Streifen schneiden. |
| 1 Kopf grüner Salat oder Eisbergsalat | waschen und zerkleinern. |
| 1 Zwiebel | sehr klein schneiden. |
| 2 Handvoll frische Frühlingskräuter | kleinschneiden. |
| 1 TL O-sole-mio-Würzölmischung (S. 18)<br>1 TL Pfeffer-Würzöl<br>4 EL Olivenöl<br>1 Tropfen Galgantessenz<br>5 Tropfen Zitronenessenz | und<br>in der Salatsauce emulgieren. Dazu den |
| Saft 1 Zitrone | geben und miteinander vermischen. Mit |
| 1 kräftigen Prise Meersalz | abschmecken. |
| 100 g frischen Ziegenkäse | in kleine Würfel schneiden und in der Salatsauce marinieren. |

Den Salat mit den Kräutern, der Salatsauce und den marinierten Ziegenkäsewürfel anmachen und mit ½ Handvoll Blüten (Gänseblümchen etc.) und geröstetem Sesam überstreuen.

## Gurkensalat

| | |
|---|---|
| 1 große Salatgurke | schälen und in Scheiben schneiden. |

200 g Sauerrahm
1 TL Dill-Würzöl oder 1 TL Dill & Co.-Würzölmischung

| | |
|---|---|
| Saft ½ Zitrone | |
| frisch gehackten Dill | und |
| 1 Prise Salz | zu einer Sauce verrühren. |

Die Salatsauce über die Gurken geben.

## Griechischer Bauernsalat

| | |
|---|---|
| 1 – 2 Paprikaschoten | in Streifen schneiden, |
| 1 Pfund Tomaten | und |
| ½ Salatgurke | in Scheiben schneiden, |
| 150 g Schafskäse | in große Würfel schneiden. |

| | |
|---|---|
| 50 g schwarze Oliven | |
| 1 Bund frisches Basilikum | schneiden, einige Blätter zurücklegen, alle Zutaten vermengen. |

| | |
|---|---|
| 4 EL Olivenöl | |
| Saft 1 Zitrone | |
| 1 TL Pfeffer-Würzöl | |
| 1 zerdrückte Knoblauchzehe (wahlweise) | |
| 2 EL gehackte Kräuter | und |
| 1 TL Oregano-Würzöl | zu einer Sauce verrühren und unter den Salat mischen. |

| | |
|---|---|
| 1 große Zwiebel | in Ringe schneiden und zusammen mit den Basilikumblättern den Salat garnieren. |

## Waldorfsalat

| | |
|---|---|
| 1 großer Sellerie | waschen, schälen und raspeln. |
| ½ Pfund Äpfel | dazu raspeln. |
| 50 g Walnußkerne | kleinhacken und dazugeben. |

---

| | |
|---|---|
| etwas Petersilie und Schnittlauch | hacken, |
| 1 Bund Kerbel | hacken und mit |
| 150 g Sauerrahm | |
| 3 Tropfen Orangenessenz | |
| 2 Tropfen Zitronenessenz | und |
| 2 Topfen Grüne Pfefferessenz | zu einer Sauce verrühren. |

---

Alle Zutaten vermengen und mit Apfelsinenscheiben und Feldsalat garnieren.

## Petersiliewurzelsalat

| | |
|---|---|
| 500 g Petersiliewurzeln | putzen, fein reiben und in Salzwasser legen. |

---

| | |
|---|---|
| 2 Tropfen Orangenessenz | |
| 1 Tropfen Limettenessenz | in |
| 50 ml Sahne | und |
| 1 EL Honig oder Ahornsirup | emulgieren. |

---

| | |
|---|---|
| | Mit |
| 250 g Joghurt | |
| 1 Prise Salz | |
| 2 TL Pfeffer-Würzöl | zu einer Sauce verrühren |

Die geriebenen Petersiliewurzeln abtropfen lassen und mit der Sauce vermengen.

---

| | |
|---|---|
| 4 Tomaten | in Scheiben schneiden, |

| | |
|---|---|
| 1 Bund Petersilie | hacken und damit den Salat garnieren. |

## Kartoffelsalat

| | |
|---|---|
| 2 kg Salatkartoffeln | kochen und in Scheiben schneiden. |
| 1 große Zwiebel | kleinhacken. |

| | |
|---|---|
| 3 Tropfen Grüne Pfefferessenz | in |
| 2 EL Olivenöl | emulgieren, |
| 1 Becher Sauerrahm | |
| Saft ½ Zitrone | |
| 2 EL Dill & Co.-Würzölmischung (S. 19) | |
| 1 EL Bay-Würzöl | |
| 1 EL Majoran-Würzöl | und |
| etwas Salz | im Mixer zu einer Sauce verrühren und mit den Kartoffeln und Zwiebeln vermengen. |

Mindestens 2 Stunden ziehen lassen!

## Käsesalat

| | |
|---|---|
| 250 g Emmentaler Käse | |
| 250 g Bergkäse | |
| 2 Äpfel | und |
| 2 Birnen | in Würfel schneiden. |

| | |
|---|---|
| 1 Bund gehackte Petersilie | |
| 200 g Sauerrahm | |
| 100 g Joghurt | |
| 1 TL Estragon-Würzöl | mit |
| 3 Tropfen Orangenessenz | |

| | |
|---|---|
| 2 Tropfen Grüne Pfefferessenz<br>etwas Honig | emulgieren. Mit abschmecken, zu einer Sauce verrühren. |

Mit dem Käse und den übrigen Zutaten vermengen, mit roter Paprika und gehackter Petersilie bestreuen. Kein Salz verwenden, da der Käse ausreichend gesalzen ist.

## Nudelsalat mit feiner Currysauce

| | |
|---|---|
| 500 g Nudeln | bißfest kochen. |
| 200 g Sauerrahm<br>Saft ½ Zitrone<br>2 Eigelbe<br>½ Tasse Sonnenblumenöl<br>1 – 2 TL Currypulver<br>1 TL Basilikum-Würzöl<br>1 TL Muskat-Würzöl | und zu einer Sauce verrühren. |
| 1 Bund Schnittlauch<br>250 g feine, gekochte Zuckererbsen | feinhacken und mit unter die übrigen Zutaten mischen. |

## Bohnensalat mit Thymian-Vinaigrette

| | |
|---|---|
| 1 kg Brechbohnen<br>Salzwasser | putzen, je nach Größe brechen und ca. 15 Min. in kochen. Anschließend die Bohnen im Sieb abtropfen lassen. |
| 50 – 70 g Schalotten | säubern und sehr fein würfeln. |

1 kleiner Bund frischer Thymian und
1 kleiner Bund frisches Bohnenkraut feinhacken und mit
1 EL Vinaigrette (S. 125)
1 Prise Meersalz
2 Tropfen Limettenessenz
1 EL Majoran-Würzöl und
1 TL Pfeffer-Würzöl eine Salatsauce zubereiten.

---

Die Bohnen mit der Sauce vermengen und ziehen lassen.

## Chicorée „Orange“

5 Chicoréestauden waschen, Blätter vom Strunk lösen und in schmale Streifen schneiden.

---

5 Tropfen Orangenessenz
1 Tropfen Zitronenessenz und
1 Tropfen Grüne Pfefferessenz in
50 ml Sahne emulgieren. Mit
200 g Joghurt und
1 Prise Kräutersalz zu einer Sauce verrühren.

---

2 EL Mandelstifte in der Pfanne rösten und über den Salat streuen.

## Karottensalat mit geröstetem Sesam

1 Pfund Karotten waschen, putzen und raspeln.
1 Apfel dazureiben.

---

1 EL Sesam in der Pfanne rösten

| | |
|---|---|
| 2 Tropfen Grüne Pfefferessenz | und |
| 3 Tropfen Rote Mandarine-Essenz | in |
| ½ Becher Sauerrahm | verrühren. |

Die geriebenen Karotten und den Apfel mit dem Sauerrahm vermengen, den Sesam darüberstreuen.

Das Rezept kann mit geeigneten Würzölen und Essenz variiert werden, beispielsweise Pfeffer-Würzöl, Dill-Würzöl, Majoran-Würzöl, Orangenessenz.

# Eine Duftspur durch die Gewürzgeschichte

## Von den Gesundgärten zum aufstrebenden Gewürzhandel bis ins 20. Jahrhundert

Mit Karl dem Großen kamen die meisten heute bekannten Küchenkräuter aus Italien über die Alpen. Im Ministerialerlaß „Capitulare de villis" wurden die Gutsverwalter angewiesen, 74 verschiedene Kräuter, Sträucher und Bäume in den kaiserlichen Gärten anzubauen. Dazu gehörten unter anderem Dill, Salbei, Rosmarin, Kümmel, Estragon, Fenchel, Anis, Bachminze und Koriander. Zur selben Zeit brachte der *Abt Walahfrid Strabo* vom Kloster Reichenau einen großen Schatz an Kräuterwissen aus Italien mit. *In seinem Gedicht „Hortulus" findet sich ein Blumenstrauß voll Duft und Würze: „... lernt deshalb die Wirkkräfte der Heilkräuter und die Mischungen der Spezereien (Gewürze, M. K.) mit sorgfältiger Überlegung anzuwenden. Aber setzt die Hoffnung nicht in die Kräuter und Rettung nicht in menschliche Ratschläge ..."* Heute noch ist auf der Insel Reichenau der herrliche, nach altem römischem Vorbild angelegte Kräutergarten zu besichtigen, der dem Abt Sinnbild sowohl für aktives als auch kontemplatives Leben war.

Gärten dieser Art waren die Vorläufer unserer Kräuter- und Gemüsegärten. Sie wurden im Mittelalter sinnigerweise „Hortus sanitatis", Gesundgärten genannt, in denen Kräuter wie Minze, Salbei, Ysop und Rosmarin wuchsen. Später waren es die Benediktinermönche, die aus ihrem Stammkloster auf dem Berg Monte Cassino Ableger von Heil- und Küchenkräutern in die neugegründeten Siedlungen im rauhen Norden mitnahmen und damit wesentlich zur Verfeinerung der Speisepläne beitrugen.

Im 12. Jahrhundert praktizierte die Äbtissin Hildegard von Bingen im Kloster Disibodenberg als Ärztin und Kräuterheilkundige. Die Heilige Hildegard schrieb in ihrem Buch „Physika“ viel über Ernährung, vor allem über die Bedeutung des Würzens mit Kräutern und Heilpflanzen. Bevorzugt verwendete sie Kräuter, die besonders duftend und wohlschmeckend sind, wie Fenchel, Dill, Minze, Melisse und Ysop. Auf ihr umfangreiches Wissen, das auch der Aromaküche zugute kommt, können wir heute wieder zurückgreifen.

Zu Beginn des Mittelalters setzte an den Fürsten- und Königshäusern eine neue Ära des Würzens und Verfeinerns von Speisen ein, da die Kreuzritter aus dem Orient verschiedene Gewürze mitbrachten. *„Wenn man auf den Teppich trat, Kardamom, Würznelken und Muskat lagen gestreut unter den Füßen“, wußte der bekannte mittelalterliche Minnesänger Wolfram von Eschenbach von den verschwenderischen Höfen zu berichten.* Zwar kannte der einfache Bürger zu jener Zeit die „feine Würzkunst“ der Oberschicht noch nicht, aber allmählich fand ein genereller Wandel der Eßkultur statt.

Im 15. Jahrhundert erschien seit dem von Apicius handschriftlich verfaßten Kochbuch eines der ersten gedruckten Kochbücher, „De Honesta Voluptate ac Veletudine“ (Über die ehrliche Freude und das Wohlbefinden). Das in Venedig editierte Buch verwies auf die Bekömmlichkeit von Zitronensaft und Wein zum Aromatisieren der Speisen und stellte den Beginn der Menüfolgen dar. Selbst die ärmere Bevölkerungsschicht konnte sich nun Mahlzeiten mit mehreren Gängen leisten, zumindest Pasta, Käse und Früchte waren selbstverständlich. In dieser Hochblüte der italienischen Küche wurde Katharina von Medici, eine reiche florentinische Kaufmannstochter, 1533 mit Heinrich II. von Frankreich vermählt. Eines der wertvollen Geschenke, die Katharina mit in die Ehe brachte, war eine stattliche Anzahl ausgebildeter Meisterköche. In manchen Geschichtsbüchern finden sich fast schon bissige Kommentare, daß es ohne diese Frau keine französische Küche gäbe. Zweifelsohne lernten die Franzosen durch Katharina von Medici den Umgang mit Gemüse wie Erbsen, Broccoli, Artischocken und Trüffel kennen. Die Zubereitung von Nachspeisen, Backwerk und Kuchen war ihnen bis dahin gänzlich unbekannt gewesen. Katharina führte auch den Gebrauch der Gabel bei Tisch ein. In ihrem Gefolge befanden sich außerdem zwei ausgezeichnete Parfümeure, die wohl ihren Beitrag zur verfeinerten Aromakultur im höfischen Leben geleistet haben.

Gewürze oder Aromaten besaßen in der Weltwirtschaft vergangener Zeiten eine herausragende Bedeutung. Neben Gold, Seide und einigen anderen Luxusartikeln waren sie Haupthandelsware. Ihre Verwendung war Ausdruck gesteigerter Lebenskultur und sollte zugleich der Gesundheit dienen. Die großen Stadtrepubliken Genua und Venedig waren fünfhundert Jahre lang die Beherrscher des Gewürzhandels, denn durch die Reisen des Marco Polo hatte Italien eine Vormachtstellung erhalten.

In Deutschland waren es vor allem die Fugger und Welser, die mit Gewürzen handelten. Überliefert ist die Geschichte, daß der Kaufmann Anton Fugger Kaiser Karl V. eine größere Summe Geld lieh und, da dieser nicht zurückzahlen konnte, die Schuldscheine vor des Kaisers Augen über einem Feuer aus Zimtstangen verbrannte. Fugger wollte mit dieser Tat dem Kaiser seine Macht demonstrieren, die er mit dem wohl „ältesten Handel der Welt“ erworben hatte. Einige freie Reichsstädte konnten durch den Gewürzhandel so hohe Steuereinnahmen verzeichnen, daß viele Gelder für soziale und kulturelle Zwecke ausgegeben wurden; die Fuggerei in Augsburg wird heute noch als größtes und interessantestes Sozialwerk bewundert.

Zur selben Zeit entstanden viele bekannte Gewürzstraßen. Eine der Bekanntesten zog sich von Venedig über Innsbruck, Augsburg, Nürnberg und Leipzig bis hin nach Rußland. Die Gewürze sorgten in den Küchen nördlich der Alpen für willkommene Abwechslung. Gewürzmischungen wurden hergestellt, „neue“ nationaltypische Gerichte entstanden.

Im letzten Jahrhundert gab es wieder eine Hochblüte der Heilkräuter. Große Laien und Ärzte wie Hahnemann, Kneipp und Kräuterpfarrer Künzle förderten die „Naturheilkunde". Sie trugen viel dazu bei, daß die Kräuter nicht in die Hausapotheke verbannt wurden, sondern zurück in unsere Küche wanderten. Ich selbst hatte das große Glück, das Wissen Johann Künzles bereits in früher Kindheit von meinem Großvater zu erlernen, der ein großartiger Gärtner und Rosenspezialist war. Kräuter wie Dill, Minze, Melisse, Liebstökkel und Salbei waren mir schon früh geläufig, was eine gute Voraussetzung und Grundlage für die Entstehung der Aromaküche bildete.

In unserer schnellebigen Zeit in den großen Ballungszentren bleibt für harmonisches Würzen, das Abrunden der Speisen oder gar für Kräutergärten oft zu wenig Zeit. Der Wunsch, wieder natürlicher und gesünder zu leben, ist jedoch weit verbreitet. Hier kann die Verwendung von ätherischen Ölen und Würzölen in der Aromaküche eine wirkliche Bereicherung Ihrer vitalstoffreichen Ernährung sein.

# Hauptspeisen

## GEDÜNSTETE PAPRIKASTREIFEN IN TOMATEN-SAUCE MIT GERÖSTETEM SESAM

| | |
|---|---|
| 4 grüne Paprika | in Streifen schneiden, in |
| 2 EL Olivenöl | und |
| ½ Tasse Wasser | aromagaren oder dünsten. |
| 1 Zwiebel<br>1 EL heißem Olivenöl | kleinschneiden und in glasig dünsten. |
| 3 TL Tomatenmark | mit |
| 2 TL Basilikum-Würzöl | und |
| 1 EL Mehl | in die Brühe rühren, mit |
| 1 Prise Meersalz | |
| Pfeffer | und |
| etwas Honig | abschmecken. |
| 2 EL Sesam | in der Pfanne rösten und darüberstreuen. |

## Afghanischer Rahmspinat

| | |
|---|---|
| 1 kg frischen Spinat | kleinschneiden und kurz dünsten. |
| 1 große Zwiebel<br>5 EL Sesamöl | kleinschneiden und in<br>kurz bräunen. |
| ½ Tasse Wasser<br>1 TL Kreuzkümmel-Würzöl<br>1 TL Cardamom-Würzöl<br>2 Eigelbe<br>100 ml Sahne | <br><br>und<br>mit<br>verquirlen und in das Gemüse rühren. |

Mit Naturreis servieren.

## Polenta mit Lauch

| | |
|---|---|
| 1 Stange Lauch<br>1 gehackten Zwiebel<br>1 EL Olivenöl<br>etwas Wasser | kleinschneiden und mit<br>in<br>und<br>andünsten. |
| 150 g Maisgrieß<br>½ l Gemüsebrühe | in<br>ca. 10 Min. lang kochen und weitere 15 Minuten ziehen lassen. |
| 1 TL Oregano-Würzöl<br>1 TL Rosmarin-Thymian-Würzöl (S. 19) und<br>1 Prise Meersalz | <br><br>in das Lauchgemüse ein rühren und mit der Polenta vermengen. 5 Min. lang ziehen lassen. |

Dazu Crème fraîche reichen. Die Lauchpolenta kann auch

in eine Auflaufform gefüllt werden, mit Reibekäse bedeckt und im vorgewärmten Backofen 10 Min. bei 180 Grad überbacken werden.

## Gebratener Kürbis süss-sauer

| | |
|---|---|
| 1 kg Kürbis<br><br>2 EL Sesamöl | schälen, entkernen und in Streifen schneiden, in anbraten. |
| 2 EL gemahlene Haselnüsse | in der Pfanne rösten, mit |
| 100 ml Sahne<br>200 g Sauerrahm<br>Saft 1 Zitrone<br>1 TL Currypulver<br>3 TL Euro-Asia-Würzölmischung (S. 20)<br>Meersalz<br>Pfeffer<br>etwas Honig | und<br>zu einer Sauce verrühren. |
| 1 Tasse kleingeschnittene Ananas | der Sauce beigeben und mit dem gebratenen Kürbis servieren. |

## Griechische Tomatenomelettes mit Schafskäse

| | |
|---|---|
| 1 kg Tomaten | abbrühen, schälen und kleinschneiden. |
| ½ Tasse entkernte Oliven<br>2 Zwiebeln<br>2 Knoblauchzehen<br>3 EL Olivenöl | und<br>kleinschneiden, in<br>anbraten. Die Tomaten |

| | |
|---|---|
| | mit |
| 1 EL gehackte Petersilie<br><br>Meersalz<br>Pfeffer | zu den Zwiebeln geben, mit<br>und<br>30 Min. lang dünsten. Mit |
| 1 TL Basilikum-Würzöl<br>1 TL Estragon-Würzöl<br>1 TL Lorbeer-Würzöl | <br><br>abschmecken. |
| 150 g Schafskäse | würfeln, dazugeben und 10 Min. lang weiterdünsten. |
| 8 – 10 Eier mit<br>2 EL Dill & Co.-Würzölmischung (S. 19)<br>Meersalz<br>Pfeffer | <br><br>und<br>gut verrühren und daraus in |
| Sonnenblumenöl | 4 mittelgroße Omelettes backen. |

Omelettes mit der Füllung belegen und übereinanderschlagen, mit frischen Kräutern garnieren.

## Ratatouille

| | |
|---|---|
| 2 Paprika<br>2 geschälte Kartoffeln<br>2 Zucchini<br>2 Auberginen | <br><br>und<br>kleinschneiden, kurz andünsten. |
| 2 geschnittene Zwiebeln<br>1 zerdrückte Knoblauchzehe (oder | und<br>wahlweise) glasig dün |

| | |
|---|---|
| | sten und mit dem Gemüse mischen. |
| 4 Tomaten<br>2 EL Olivenöl | abbrühen, kleinschneiden und in<br>10 Min. lang dünsten. |
| 1 TL Basilikum-Würzöl<br>1 TL Majoran-Würzöl<br>1 TL Rosmarin-Thymian-Würzöl (S. 19)<br>Meersalz<br>Pfeffer | <br><br><br>und<br>mit dem Gemüse vermengen. |
| Mit Reis servieren | |

## Hoppla-Hopp

| | |
|---|---|
| 4 – 5 mittelgroße junge Kartoffeln<br>2 EL Sesamöl | mit der Schale in hauchdünne Scheiben schneiden und in<br>anbraten. |
| 1 Tasse Wasser<br>2 EL Hefeflocken<br>Meersalz<br>Pfeffer | <br><br>und<br>mit den Kartoffeln mischen und 5 Min. lang köcheln lassen. |
| 1 TL Koriander-Würzöl<br>1 TL Majoran-Würzöl<br>2 EL süße Sahne | <br>in<br>einrühren und über die Kartoffeln gießen. |

## Eier in grüner Sauce

| | |
|---|---|
| 12 Eier | hartkochen, schälen und halbieren. |
| 500 g Joghurt<br>¼ l Sauerrahm<br>1 EL Mayonnaise<br>1 Eigelb<br>Saft ½ Zitrone<br>2 EL Dill & Co.-Würzölmischung (S. 19)<br>3 Tropfen Zitronenessenz<br>1 EL gehackte Petersilie<br>1 EL geschnittener Kerbel | und<br>zu einer Sauce verrühren. |

Die halbierten Eier in der Sauce servieren.
Für das kalte Buffet oder zu Reis und Kartoffeln ideal.

## Zucchiniraspeln

| | |
|---|---|
| 3 Zucchinis | raspeln. |
| 1 EL Olivenöl<br>1 EL Estragon-Würzöl<br>1 TL frisches Estragonkraut<br>1 Tropfen Grüne Pfefferessenz | zu einer Sauce emulgieren. |
| 1 Handvoll Pinienkerne<br>etwas Meersalz | dazugeben und mit abschmecken. |

Passend zu allen Nudelgerichten, ein ideales Sommergericht.

## Pfannengerührte Eier im Wok

| | |
|---|---|
| 2 Schalotten oder 1 Stange Lauch | in feine Ringe schneiden und 1 Min. mit |
| 1 EL Sonnenblumenöl | im Wok erhitzen, |
| 1 TL Ingwer-Würzöl | dazugeben. |

| | |
|---|---|
| 6 Eier | mit |
| 3 EL Wasser oder Gemüsebrühe | verquirlen, mit |
| 1 TL aromatisierten Bay-Koriander-Nelkensenf * | |
| 1 TL Pfeffer-Würzöl | und |
| etwas Salz | würzen und abrunden. |

| | |
|---|---|
| | Nach Belieben können noch |
| 2 Scheiben Schinken | dazugeschnitten und im Wok pfannengerührt werden, bis die Eier stokken. |

* *Herstellung von Bay-Koriander-Nelkensenf:*

| | |
|---|---|
| 100 g mittelscharfer Senf | mit |
| 4 Tropfen Bayessenz | |
| 4 Tropfen Korianderessenz | und |
| 1 Tropfen Nelkenessenz | emulgieren. |

Geeignet für Marinaden, Beizen, Aufstriche, Dips und Saucen.

# Kalbsmedaillons mit Muskatellersalbei

| | |
|---|---|
| Für 4 Personen | |
| 12 Kalbsmedaillons à 40 g | in |
| 100 g Butter | braten, auf einer Wärmeplatte auslegen und mit |
| Muskatellersalbeisalz (S. 20) | würzen. |
| | Die in der Bratpfanne zurückgebliebene Sauce mit |
| 0,1 l starken Kalbsjus | ablöschen und binden. |
| 0,1 l Muskatwein | dazugießen, aufkochen und die Sauce abseihen, durch Aufköcheln den Fond reduzieren, kurz zur Seite stellen und wieder reduzieren. |
| 0,2 l Sahne | mit |
| 4 Tropfen Grüne Pfefferessenz | emulgieren, dazu |
| 1 – 2 TL Lorbeer-Würzöl | |
| 1 kräftige Prise Muskatellersalbeisalz | unterziehen und abschmecken. In den Kalbsfond die aromatisierte Sahne einrühren, die Sauce warmstellen. |

*Serviervorschlag:*
4 frische Salbeiblätter
6 Muskattrauben halbieren und entkernen. Medaillons im Dreieck legen, halb mit Sauce nappieren (bedecken), mit den Traubenhälften garnieren und in die Mitte ein Salbeiblatt legen.

## Karotten mit gerösteten Sonnenblumenkernen

| | |
|---|---|
| 1 Pfund Karotten | im Dämpfer aromagaren oder dünsten. Die letzten 5 Minuten |
| 2 Topfen Bayessenz<br>1 Tropfen Anissamenessenz<br>2 Tropfen Karottensamenessenz | <br>und<br>in das Wasser geben. |
| 2 EL Butter<br>1 EL Dinkelmehl<br>1 Tasse Wasser<br>1 TL Bay-Würzöl<br>1 TL Galgant-Würzöl<br>1 TL Estragon-Würzöl<br>1 Prise Meersalz | zerlassen und mit<br><br><br><br><br>und<br>eine gebundene Sauce herstellen. |
| 1 Topfen Grüne Pfefferessenz<br>1 – 2 EL Sauerrahm | in<br>einrühren, in die Sauce unterziehen, und die Karotten dazugeben. |
| 2 EL Sonnenblumenkerne | in der Pfanne rösten. |

Die Karotten mit gehackter Petersilie und den Sonnenblumenkernen bestreuen.
Passend dazu: Kartoffeln, brauner oder weißer Reis, Weizenschrot oder Dinkelschrot.

## Lachssteak an Limetten-Fenchelsauce

| | |
|---|---|
| 4 Tropfen Limettenessenz<br>5 Tropfen Zitronenessenz | in |
| 1 EL Pfeffer-Würzöl | und |
| 1 – 2 EL Fenchel-Würzöl | emulgieren und mit dem |
| Saft 1 Zitrone | und |
| 1 Orange | zu einer Marinade verbinden. |
| 4 Lachssteaks | in der Marinade 1 Stunde im Kühlschrank ziehen lassen, die Steaks hin und wieder wenden. |

In Alufolie legen, Marinade darübergießen, mit frischem Fenchelgrün oder Limettenscheiben belegen und im Backofen bei 180 Grad ca. 15 Minuten garen.

Dazu paßt Naturreis und leichtes, aromagegartes Gemüse.

## Spargel Aromafein – für die Frühjahrskur

| | |
|---|---|
| 1 kg Spargel | schälen und in |
| 1 l Salzwasser | ca. 15 Min. kochen. Die letzten 2 – 5 Min. eine Mischung aus |
| 3 Tropfen Orangenessenz | und |
| 2 Tropfen Lemongrassessenz | in das Wasser dazugeben. |

Serviervorschlag: aromatisierte Butter (S. 102), Jogurtsauce (S. 112) oder Mayonnaise (S. 114), dazu in Bay-Würzöl gekochte Kartoffeln.

# Asiatische Gerichte

## INGWER-CURRY-LAUCH

| | |
|---|---|
| 3 Lauchstangen | waschen, schneiden und in |
| ½ Tasse heiße Gemüsebrühe | zwei Minuten aromagaren oder dünsten, |
| 1 EL Dinkelmehl | mit |
| 2 EL weiche Butter | zu einem Teig kneten und in die Lauchbrühe einrühren. |

| | |
|---|---|
| 1 TL Currypulver | |
| 1 TL Rosmarin-Thymian-Würzölmischung (S. 19) | |
| 1 TL Ingwer-Würzöl | |
| 1 TL Euro-Asia-Würzölmischung (S. 20) und | |
| 200 g Sauerrahm | verrühren und mit dem Gemüse 5 Min. lang ziehen lassen. |

Passend zu Basmati-Reis.

## Indisches Dal – ein Linsengericht

| | |
|---|---|
| 500 g rote Linsen | |
| 1 Zwiebel | feinschneiden, |
| 1 Peperoni | schneiden, |
| 2 Lorbeerblätter | |
| 1 geriebene Chilibohne | |
| ½ TL Kurkumapulver | und |
| 1 TL Kreuzkümmel-Würzöl | in |
| 1 Liter Gemüsebrühe | in 20 Min. garkochen. |
| 1 Zwiebel | sehr klein schneiden, |
| 2 Knoblauchzehen (wahlweise) | zerdrücken, mit |
| 2 TL Lorbeer-Würzöl | |
| 1 TL Senfkörner | und |
| 1 TL Kreuzkümmel-Würzöl | in |
| Sesamöl | kurz andünsten, mit |
| 1 Tasse Kokosmilch | ablöschen und mit den Linsen vermengen. |

Mit Reis garnieren.

## Kartoffeln auf indische Art

| | |
|---|---|
| 1 Pfund Kartoffeln | schälen und würfeln. |
| 1 Zwiebel | in Streifen schneiden. |
| 1 TL Currypulver | |
| ½ TL Kurkumapulver | |
| 1 TL Senfkörner | |
| 1 TL Kreuzkümmel-Würzöl | und |
| 3 Tropfen Lemongrassessenz | in |
| 1 EL Sesamöl | emulgieren. |
| 2 geschnittene Peperoni | in |

| | |
|---|---|
| 1 TL Lorbeer-Würzöl | |
| kräftige Prise Meersalz | und |
| ½ Tasse Wasser | dünsten, anschließend mit den Kartoffeln und den Zwiebeln garkochen. |

Mit einer Schale Sauerrahm oder Joghurt servieren.

## Indonesische Reispfanne

| | |
|---|---|
| 400 g Reis | garkochen. |
| 4 Karotten | in dünne Scheiben schneiden und in einer großen Pfanne in |
| 2 EL Sesamöl | anbraten. |
| 4 Tomaten | abbrühen, schälen, kleinschneiden und mit |
| 1 kleingeschnittenen Zwiebel | |
| 1 TL Euro-Asia-Würzölmischung (S. 20) | |
| 1 TL Nelken-Würzöl | |
| 1 TL Chinagewürz | und |
| 1 Prise Meersalz | in |
| 3 EL Butter | dünsten. |
| 1 Tasse Wasser | und |
| 1 EL Hefeflocken | dazugeben, etwas einkochen lassen, mit |
| Zitronensaft | und |
| etwas Ahornsirup | abschmecken. |

Reis zu Karotten in die Pfanne geben und kurz anbraten.

| | |
|---|---|
| 2 EL Sonnenblumenkerne | rösten und über Karotten und Reis streuen. |

Die Sauce getrennt servieren.

## Möhrencurry

| | |
|---|---|
| 7 große Möhren | in Scheiben schneiden und kurz andünsten oder aromagaren. |
| 4 EL Butter | zerlassen, |
| 1 TL Kurkuma | |
| 1 TL Senfkörner | und |
| 1 TL Currypulver | in der Butter dünsten. |
| 2 TL Euro-Asia-Würzölmischung (S. 20) | |
| ½ TL Nelken-Würzöl | und |
| 2 Tropfen Orangenessenz | einrühren. |
| 2 EL Rosinen | und |
| 1 kleingeschnittene Banane | mit den Möhren und den Gewürzen 30 Min. lang auf kleiner Flamme ziehen lassen. |

## Burmesisches Gemüsegericht

| | |
|---|---|
| 1 Pfund grüne Bohnen | kleinschneiden, |
| 1 Pfund Karotten | in Streifen schneiden, |
| ½ Blumenkohl | in Röschen teilen. |
| | Das Gemüse nacheinander in einer Mischung aus |
| 1½ l Wasser | |
| 2 EL Essig | und |
| ½ TL Gelbwurzpulver | bißfest garkochen oder aromagaren. Das Gemüse absieben. |
| 2 Zwiebeln | und |

| | |
|---|---|
| 2 – 4 Knoblauchzehen<br>1 EL Sesamöl | in Streifen schneiden, in im Wok oder in der Pfanne bräunen. |
| 2 TL Kreuzkümmel-Würzöl<br>2 TL Koriander-Würzöl<br>3 Tropfen Zitronenessenz<br>1 TL Euro-Asia-Würzölmischung (S. 20) und<br>etwas Honig | zu den Zwiebeln geben und mit dem Gemüse vorsichtig vermengen. |
| | Im Wok nochmals kurz unter Rühren braten. |

Mit geröstetem Sesam bestreuen. Sehr gut geeignet zu verschiedenen Reissorten, Hirse oder Dinkel.

# Überbackenes

# Überbackenes

## Überbackener Bleichsellerie

| | |
|---|---|
| 4 Stangensellerie | feinschneiden und dünsten oder aromagaren. |
| 3 Tassen trockene Brotwürfel | in |
| 3 EL Butter | mit |
| 1 TL Majoran-Würzöl | goldbraun braten. |
| 200 g Sauerrahm | |
| 1 TL Majoran-Würzöl | |
| Salz | und |
| Pfeffer | vermengen. |

Sellerie und Brotwürfel in eine feuerfeste Form geben und den Sauerrahm darüber gießen.

| | |
|---|---|
| | Mit |
| 50 g geriebenem Emmentaler Käse | bestreuen und bei 180 Grad 20 Min. lang backen. |

## Gefüllter Kürbis

| | |
|---|---|
| 1 Kürbis | oberen Teil als Deckel ausschneiden, Fasern und Kerne entfernen, Innenwände mit |
| Tamari oder Sojasauce | und |
| 1 TL Pfeffer-Würzöl | einreiben. |
| 500 g Reis | garkochen. |
| 1 Pfund Tomaten | abbrühen, schälen, kleinschneiden und mit |
| 2 gehackten Zwiebeln | und |
| 1 zerdrückten Knoblauchzehe | in |
| 1 EL Olivenöl | andünsten. |
| 2 TL Oregano-Würzöl | und |
| 2 TL Kreuzkümmel-Würzöl | einrühren. |
| 250 g geriebenen Parmesankäse | mit dem gekochten Reis, den Tomaten und |
| frischgemahlenem schwarzem Pfeffer gut vermengen. | |

Den Risotto in den Kürbis füllen, Deckel daraufsetzen und bei ca. 220 Grad 50 Min. lang backen, bis die Kürbisschale bei Fingerdruck nachgibt.

## Kartoffelsoufflé

| | |
|---|---|
| 2 Tassen heißes Kartoffelpüree | |
| ½ Tasse saure Sahne | |
| 100 g geriebener Bergkäse | |
| 4 Eigelbe | |
| 1 – 2 TL Estragon-Würzöl | |
| 1 TL Bay-Würzöl | |
| Pfeffer | und |

| | |
|---|---|
| Meersalz | mit dem Rührgerät 2 Min. lang vermengen. |

| | |
|---|---|
| 4 Eiweiße<br>1 Prise Meersalz<br>1 Prise Weinstein-Backpulver | mit<br>und<br>steifschlagen und unter die Kartoffelmasse heben. |

Alles in eine gefettete Souffléform geben und im vorgeheizten Backofen bei 180 Grad 45 Min. lang backen.
Sofort servieren, da Soufflés an der kühleren Luft zusammenfallen. Kann mit anderen Würzölen sehr gut variiert werden.

## Kartoffelgnocchi à la Rosario

| | |
|---|---|
| 1 kg mehlige Kartoffeln | garkochen, abkühlen, schälen und durch die Kartoffelpresse drücken. |

| | |
|---|---|
| 1 Ei<br>2 TL Estragon-Würzöl<br>½ Tasse Mehl<br>2 TL Meersalz | <br><br>und<br>mit den Kartoffeln zu einem Teig kneten. |

Einen Teil des Teigs zu einer Rolle mit ca. 3 cm Durchmesser formen. Dann in 1 cm dicke Scheiben schneiden und mit dem übrigen Teil in derselben Weise verfahren.

| | |
|---|---|
| 5 l kochendem Salzwasser | Die Gnocchi in<br>8 – 10 Min. garkochen. Mit einem Schaumlöffel herausnehmen und abtropfen lassen. Anschließend in eine gefettete, |

| | |
|---|---|
| | feuerfeste Form geben und mit |
| 150 g Parmesankäse | bestreuen. |

Im vorgeheizten Backofen bei ca. 180 Grad goldbraun backen.

## Wirsingpastete

| | |
|---|---|
| | Von |
| 1 großen Wirsingkopf | die Blätter vom Strunk lösen und waschen. |
| | Die dicken Blattrippen entfernen und alle Blätter in |
| ¾ l Gemüsebrühe | halbgar kochen. |

Mit dem Schaumlöffel herausnehmen und abtropfen lassen.

| | |
|---|---|
| 300 g feingeschrotener Mais | mit |
| 0,4 l Wirsingbrühe | verrühren und |
| 1½ Gemüsebrühwürfel | dazugeben. |

Unter Umrühren zu einem dicken Brei kochen und 10 Min. auf der ausgeschalteten Platte ziehen lassen.

| | |
|---|---|
| 2 Eier | und |
| 30 g Butter | unter den Mais rühren. |
| 1 Knoblauchzehe | schälen, pressen und mit |

3 EL feingeschnittenem Lauchgrün
3 EL feingehackten Kräutern wie Petersilie, Kresse etc.
125 g geriebenem Käse (3 EL zum Bestreuen üb-

riglassen) in den Maisbrei einrühren.

Mit 1 EL Muskat-Würzöl, ½ TL Pfeffer-Würzöl und Kräutersalz abschmecken.

| | |
|---|---|
| | Mit |
| 1 EL Muskat-Würzöl | |
| ½ TL Pfeffer-Würzöl | und |
| Kräutersalz | abschmecken. |

Den Backofen auf 200 Grad vorheizen.

Etwa 40 g Butter zerlassen. Eine tiefe gußeiserne Pfanne einfetten. Den Boden der Form mit Wirsingblättern so auslegen, daß sie sich überlappen. Die Blätter leicht salzen.

1 EL Muskat-Würzöl zum Bepinseln der Wirsingblätter.

Einen Teil der Maisfüllung darüber verteilen, mit Wirsingblättern bedecken, so daß es mehrere Schichten gibt. Mit Wirsingblättern abschließen. Die Form zudecken (evtl. Alufolie verwenden). Die Pastete auf der untersten Schiene 20 Min. backen, dann den restlichen Käse darübergeben. Noch 5 – 10 Min. auf der obersten Schiene backen, bis der Käse goldgelb ist.

Dazu paßt Möhren- oder Selleriesalat, Chicorée oder Chinakohl.

## Pikante Käsetorte

1 Paket Tiefkühlblätterteig auftauen und den Teig dünn ausrollen. Den Boden und Rand einer Springform damit aus kleiden und kaltstellen.

| | |
|---|---|
| 100 g Butter | zerlassen und |
| 2 Zwiebeln | feinschneiden, in der Butter glasig dünsten, mit |
| 2 EL Dinkelmehl | verrühren und mit |
| 2 Tassen Milch | ablöschen. |

| | |
|---|---|
| | Die Flüssigkeit mit |
| 5 Eigelbe | |
| 2 Tropfen Orangenessenz | |
| 300 g geriebenem Emmentaler Käse | |
| 1 TL Basilikum-Würzöl | |
| 1 TL Majoran-Würzöl | |
| 2 EL gehacktem Schnittlauch | und |
| 2 TL Paprikapulver | vermengen. |

Die Form mit der Masse füllen und im vorgeheizten Backofen auf der untersten Schiene bei 200 Grad ca. 20 Min. lang goldbraun backen.

## Grünkern-Bratlinge

| | |
|---|---|
| 1 gehackte Zwiebel | in |
| 1 EL Sonnenblumenöl | andünsten. |

| | |
|---|---|
| 200 g geschroteten Grünkern | mit den Zwiebeln in etwas Wasser kurz aufkochen und quellen lassen. |

| | |
|---|---|
| 150 g Magerquark | |
| 50 g feine Haferflocken | |
| 1 EL Hefeflocken | |
| 1 TL Basilikum-Würzöl | |
| 2 TL Oregano-Würzöl | |
| ½ TL Paprikapulver | und |
| etwas Meersalz | gut verrühren, mit der Grünkernmasse ver- |

| | |
|---|---|
| | mengen, zu runden Frikadellen formen und beidseitig anbraten. |
| 1 würzigen Käsescheibe<br>1 Tomatenscheibe | Jede Frikadelle mit<br>und<br>belegen. |

Im Backofen bei 200 Grad ca. 15 Min. lang backen.

## Fenchelschmortopf

| | |
|---|---|
| 4 Fenchelknollen | der Länge nach schneiden und weichkochen. |
| 2 gehackte Zwiebeln<br>1 EL Pflanzenöl<br>1 zerdrückte Knoblauchzehe | in<br>anschwitzen und<br>dazugeben. |
| 5 Tomaten in Scheiben | schneiden |
| 100 ml Sahne<br>1 TL Rosmarin-Thymian-Würzöl (S. 19) und<br>100 g Tomatenmark | zu den Zwiebeln geben und 10 Min. unter Umrühren leicht köcheln lassen. |
| 50 g schwarze entkernte Oliven<br>etwas Salz<br>frisch gemahlenem schwarzem Pfeffer und<br>1 EL Fenchel-Würzöl | dazugeben und mit<br><br><br>abschmecken. |
| 25 g Butter | in einer feuerfesten Form zerlassen und den abgetropften Fenchel hineingeben. Die Sauce darübergießen, mit |

| | |
|---|---|
| 100 g geriebenem Greyerzer Käse | bestreuen und 15 Min. bei 200 Grad im vorgeheizten Ofen überbacken. |

## Gefüllte Tomaten aus dem Backofen

| | |
|---|---|
| 400 g Reis | garkochen. |
| 3 Paprika<br>1 Zwiebel<br>2 EL Olivenöl | und<br>kleinschneiden und in<br>anbraten. Von |
| 8 Tomaten | den oberen Teil knapp abschneiden und das Mark mit einem Kaffeelöffel herausschaben. Das Mark kleinhacken und mit |
| 2 EL Olivenöl<br>2 TL Oregano-Würzöl<br>1 TL Koriander-Würzöl<br>Salz<br>Pfeffer | mit<br><br><br>und<br>kurz dünsten. Alle Zutaten mit |
| 200 g geriebenem Emmentaler Käse vermischen. | |

Die Masse in die Tomaten füllen; etwas geriebenen Emmentaler Käse mit Paniermehl vermengen und auf die gefüllten Tomaten häufen. Im vorgeheizten Backofen bei mittlerer Hitze 25 Min. lang überbacken.

## MOUSSAKA

| | |
|---|---|
| 3 Auberginen | in Scheiben schneiden und in |
| 4 EL Olivenöl | kurz anbraten. |
| 3 Zucchini | |
| 2 Zwiebeln | und |
| 250 g Champignons | in Scheiben schneiden und in |
| 2 EL Olivenöl | anbraten. |
| 3 zerdrückte Knoblauchzehen | |
| 2 TL Rosmarin-Thymian-Würzölmischung (S. 19) | |
| 2 TL Estragon-Würzöl | und |
| 3 TL Pfeffer-Würzöl | mit Gemüse vermischen. |
| 4 Tomaten | kurz in kochendes Wasser legen, schälen, kleinschneiden und mit dem Gemüse vermengen. |
| 4 Kartoffeln | schälen und in dünne Scheiben schneiden. |
| 1 Bund Petersilie | hacken, mit |
| 4 Eiern | |
| 100 g Joghurt | |
| ¼ l Sahne | |
| 1 EL Petersilie-Würzöl | |
| 200 g geriebenem Parmesankäse | und |
| 4 EL Tomatenmark | zur Sauce verrühren. |

Eine Schicht Gemüse in die Auflaufform geben, mit einem Drittel der Kartoffelscheiben bedecken und darüber einen Teil der Sauce geben. Weiter schichten, mit geriebenem Parmesankäse bestreuen.
Im vorgeheizten Backofen bei 180 Grad 30 – 40 Min. gratinieren.

## Broccolisoufflé

| | |
|---|---|
| 1 kg Broccoli | halb garkochen oder aromagaren, gut abtropfen lassen und in kleine Teile schneiden. |
| 150 g Mayonnaise<br>200 g Magerquark<br>60 g Vollkornmehl<br>4 Eigelbe<br>1 Prise Meersalz<br>2 TL Pfeffer-Würzöl<br>1 TL Muskat-Würzöl<br>1 TL Bay-Würzöl<br>etwas Milch | mit<br><br><br><br><br><br><br>und<br>verrühren. |

Den Broccoli in eine gefettete, feuerfeste Form legen und mit dem Teig bedecken.
Im vorgeheizten Backofen bei 180 Grad ca. 30 Min. backen.

# Brotaufstriche, Pasten

# Brotaufstriche, Pasten

## aromatisierte Butter

Mit Butter können viele Gerichte abgerundet und verfeinert werden. Emulgiert mit aromatischen Würzessenzen schmeckt Butter noch köstlicher. Buttermischungen passen zu Canapés, Sandwiches, bißfest gegartem Gemüse, Fleisch oder Fisch. Sie eignen sich auch hervorragend als Brotaufstriche und zum Bepinseln von Gratins, warmen Gemüsen oder Pizzabroten. Auf einem Weinblatt traubenförmig angeordnete Butterkugeln oder andere kunstvolle Arrangements sind Blickfang jedes kalten Buffets. In Picknickdosen abgefüllt, macht aromatisierte Butter den Ausflug ins Grüne noch schmackhafter.

### Maitre d'hôtel-Butter (pikant) – Kräuterbutter

125 g ungesalzene, geklärte Butter mit
2 Tropfen Zitronenessenz
2 Tropfen Grüner Pfefferessenz

| | |
|---|---|
| 1 EL frische Petersilie | oder wahlweise |
| frische Kräuter der Saison | hacken und mit |
| 1 TL Petersilie-Würzöl oder 1 TL Dill & Co.-Würzölmischung (S. 19) | vermischen. |

## Maitre d'hôtel-Butter (süss)

| | |
|---|---|
| 125 g geklärte Butter | mit |
| 10 – 20 g Rohrzucker oder Honig | |
| 3 Tropfen Vanilleessenz | |
| 2 Tropfen Rote Mandarinenessenz | |
| 1 Tropfen Orangenessenz | und |
| ½ Tropfen Zimtblätteressenz | mischen. |

Paßt gut zu Bratäpfeln, Crêpes, süßen Aufläufen und Souflés.

## Ingwerbutter

| | |
|---|---|
| 5 Tropfen Ingweressenz | und |
| 2 Tropfen Korianderessenz | |
| 1 Prise Meersalz | mit |
| 125 g Butter (Zimmertemperatur) | verrühren und kühlstellen. |

Geeignet für rührgebratenes Gemüse, als Butterflöckchen über Reis, für asiatische Nudelgerichte und rote Linsen.

## Cuminbutter (Kreuzkümmelbutter)

| | |
|---|---|
| 1 – 2 Tropfen Kreuzkümmelessenz | und |
| 1 Prise Meersalz | mit |
| 125 g weiche Butter | verrühren und kühlstellen. |

Schmeckt vorzüglich zu Pellkartoffeln, Kartoffelgratins und Linsengerichten.

## Englische Minzbutter

| | |
|---|---|
| 2 Tropfen Minzessenz | und |
| 1 Tropfen Grüne Pfefferessenz | mit |
| 100 g weicher Butter | verrühren, kühlstellen. |

Paßt zu sommerlichen Gerichten wie junge Erbsen, Kartoffeln, Möhren und Hammel.

## Cognac-Korianderbutter

| | |
|---|---|
| 3 Tropfen Korianderessenz | und |
| 3 Tropfen Grüne Pfefferessenz | |
| 2 Tropfen Orangenessenz | |
| 1 – 2 EL Cognac | |
| 1 TL milden Senf | mit |
| 125 g Butter | im Mixer glattrühren. |

Schmeckt hervorragend zu Rindfleisch, Steaks und kräftigen Gratins.

## Käse-Walnussbutter

| | |
|---|---|
| 2 Tropfen Mandarinenessenz | und |
| 1 Tropfen Pfefferessenz | |
| 1 Prise Meersalz | mit |
| 100 g weiche Butter | verrühren. |

| | |
|---|---|
| | Mit |
| 25 g feingeriebenem Emmentaler Käse | und |
| 250 g feingehackten Walnüssen | vermischen. |

Sehr guter Brotaufstrich, in Kugeln ausgestochen dekorativ für Buffets und kalte Platten.

## Kichererbsentatar

| | |
|---|---|
| 500 g Kirchererbsen | 8 Stunden in ¾ l Wasser einweichen. In |
| ¾ l Gemüsebrühe | 40 – 50 Min. garkochen und anschließend pürieren. |
| 1 feingeschnittene Zwiebel<br>½ TL Zimt-Würzöl<br>1 TL Koriander-Würzöl<br>1 TL Majoran-Würzöl<br>½ TL Nelken-Würzöl<br>½ TL Lorbeer-Würzöl | mit der Kichererbsen masse zu einer Paste verrühren. |
| <br>1 TL Ahornsirup oder Honig<br>Meersalz<br>Pfeffer | Mit<br><br>und<br>abschmecken. |

Sehr gut als Brotaufstrich, zu Picknicks und als Dip für kalte Platten geeignet.

## Herzhafte Linsenpaste

| | |
|---|---|
| 1 Pfund rote Linsen<br>½ l Gemüsebrühe | in<br>15 Min. kochen und anschließend im Mixer pürieren. |
| 1 EL Sesamöl<br>1 EL Bay-Würzöl | und |

| | |
|---|---|
| 1 TL Lorbeer-Würzöl | |
| 1 TL Muskat-Würzöl | |
| 1 TL Ingwer-Würzöl | |
| 1 zerdrückte Knoblauchzehe | mit den pürierten Linsen zu einer Paste verrühren. Mit |
| Meersalz | und |
| Cayennepfeffer | abschmecken. |

## To-Qua-Pa-Pa

Ist kein indianischer Urgroßvater, sondern eine Paste aus Quark, Tomatenmark und Parmesankäse.

| | |
|---|---|
| 250 g Quark | mit |
| 1 EL Tomatenmark | |
| 1 EL geriebenen Parmesankäse | |
| 1 EL Olivenöl | |
| 1 TL Oregano-Würzöl | |
| 1 TL O-sole-mio-Würzölmischung (S. 18) | |
| 2 EL Hefeflocken | |
| Meersalz | und |
| Pfeffer | zu einer Paste verrühren. |

## Basilikum-Oliven-Käseaufstrich

| | |
|---|---|
| 200 g Frischkäse | mit |
| 1 EL Sauerrahm | |
| 1 EL Basilikum-Würzöl | |
| 1 Tropfen Orangenessenz | und |
| 1 Tropfen Minzessenz | verrühren. |
| 1 Bund frisches Basilikum | feinwiegen und unter die Frischkäsemasse ziehen. |

| | |
|---|---|
| 150 g schwarze Oliven | entkernen, kleinschneiden und mit dem Basilikum unter die Käsepaste ziehen. |

## Guacamole (mexikanische Avocadocreme)

| | |
|---|---|
| 1 reife Avocado | halbieren, den Kern entfernen, das Fruchtmark mit einem Löffel herausschaben und mit einer Gabel zu einer Paste zerdrücken. |
| 100 g Crème fraîche<br>2 – 3 Tropfen Limettenessenz<br>1 TL Pfeffer-Würzöl<br>1 Prise Meersalz | mit<br><br>und<br>mit dem Avocadomark zu einer Paste verrühren. |

Mit festem Frischkäse anstelle von Crème fraîche können mit dieser Paste sehr gut kalte Platten verziert werden. Auch als Dip für Cracker, Toast und Rohkost geeignet.

## Schafskäseaufstrich

| | |
|---|---|
| 150 g Schafskäse | durch ein Sieb streichen. |
| 100 g weiche Butter<br>100 g Joghurt<br>1 feingehackten Zwiebel<br>frisch gemahlener Pfeffer<br>1 TL Kreuzkümmel-Würzöl<br>2 TL Basilikum-Würzöl | mit<br><br><br><br>und<br>verrühren. |

Die Paste mit dem Schafskäse vermengen.

Ist ein gelungener Brotaufstrich und kann auch in gedünstetem Mangold oder mit Spinat als Vorspeise gereicht werden.

## Für Unterwegs

### Knusprige Sesamecken

für ca. 70 Stück

| | |
|---|---|
| 50 g Sesamsamen | in einer Pfanne unter Umrühren goldgelb rösten und kühlen lassen. |

100 g Gruyère oder Emmentaler Käse reiben.

| | |
|---|---|
| 70 g weiche Butter | mit |
| 3 Tropfen Korianderessenz | |
| 2 Tropfen Grüne Pfefferessenz | und |
| 2 Tropfen Zitronenessenz | in |
| 1 EL trockener Weißwein | emulgieren. |

| | |
|---|---|
| | In die Masse |
| 1 großes Ei | |
| ½ TL Meersalz | |
| 1 Prise Cayennepfeffer | unterrühren. Sesam und Käse dazugeben, alles kräftig miteinander vermischen. |

100 g feingemahlenes Dinkelmehl unter die Masse kneten.

Den Teig ca. 20 Min. zugedeckt in den Kühlschrank stellen. Danach den Backofen auf 200 Grad vorheizen. Den Teig 3 mm dick ausrollen. Quadrate von 4 – 5 cm Seitenlänge ausrädeln und in Dreiecke teilen. Die Sesamecken auf ein gefettetes Backblech legen und auf der mittleren Schiene etwa 15 Min. hellgelb backen.

# Dips und Saucen

# Dips und Saucen

Dips und Saucen sind die Geheimnisse des gelungenen Küchenzaubers – wenn ein Gourmet ins Schwärmen kommt, ist meistens die Sauce der Anlaß. Ihre Aufgabe ist das Verbinden und Vermitteln; manchmal verschwindet die Sauce bei einem Gericht unauffällig in den Hintergrund, um bei einem anderen mit ihrer eigentlichen Würze zu brillieren.

In der Sauce liegt die Alchemie der Küche. Ihre Seele drückt sich vor allem in ihrem feinen, nuancenreichen, immer individuellen Aroma aus. Eingehüllt in eine Emulsion, den sogenannten Körper der Sauce, besteht ihr Geist allerdings aus reiner Luft. Denn erst die Fülle an Luft, die in eine Sauce eingebunden ist, verleiht ihr den unvergleichlich geschmeidigen Charakter mit dem typisch feinen und zarten Geschmack.

Eine Besonderheit in der Aromaküche bilden die fettfreien Gemüse- und Fruchtsaucen, die eine beliebte Alternative zu herkömmlichen Mehl- und Einbrennsaucen sind.

# Fruchtsaucen – leicht, fettfrei und bekömmlich

## Orangenjus

| | |
|---|---|
| 1 EL Akazienhonig | mit |
| 5 Tropfen Orangenessenz | und |
| 1 Tropfen Korianderessenz | emulgieren. |
| | Mit |
| 1 EL Capri-Würzölmischung (S. 18) | in der Pfanne leicht erwärmen. |
| 300 ml frischen Orangensaft | dazugießen und aufkochen lassen. |
| 1 TL Kuzu oder Pfeilwurzelmehl | in |
| 1 EL Marsalawein | auflösen und kurz vor |

dem Aufkochen des Orangensaftes unter ständigem Rühren dazugeben. Mit dem Schneebesen weiterrühren und leicht aufköcheln lassen, bis die Orangenjus abgebunden und zugleich klar und durchsichtig geworden ist.

| | |
|---|---|
| 1 kräftige Prise Salz | zum Abschmecken. |

Paßt gut zu Karottengerichten, als Saucenspiegel für Dinkelschrot und leichte Sommergemüse.

## Rote-Bete-Jus mit Cardamom

| | |
|---|---|
| 1 EL Akazienhonig | mit |
| 2 Tropfen Grüner Pfefferessenz | |
| 2 Tropfen Cardamomessenz | und |
| 1 Tropfen Korianderessenz | emulgieren. Mit |
| 1 EL Capri-Würzölmischung (S. 18) | in der Pfanne leicht |

| | |
|---|---|
| | erwärmen. |
| 300 ml Rote-Bete-Saft | dazugießen und aufkochen lassen. |
| 1 TL Kuzu oder Pfeilwurzelmehl | in |
| 1 EL Sojasoße | auflösen und kurz vor |

dem Aufkochen des Rote-Bete-Safts unter ständigem Rühren dazugeben. Mit dem Schneebesen weiterrühren und leicht aufköcheln lassen, bis die Rote-Bete-Jus abgebunden und zugleich klar und durchsichtig geworden ist.

| | |
|---|---|
| 1 leichte Prise Salz | zum Abschmecken. |

Paßt gut zu Rote Bete, als Saucenspiegel für Kartoffelgerichte, Gratins und wilden Reis.

Diese Art der Frucht- und Gemüsesaucenzubereitung kann auch mit Apfel-, Birnen-, Tomaten- oder Karottensaft und viele weiteren Säften variiert werden.

## Kalte Dips für heisse Tage

### Belebend frische Joghurtsauce (Variante 1)

| | |
|---|---|
| 1 EL Capri-Würzölmischung (S. 18) | und |
| 1 TL Petersilie-Würzöl | mit |
| 1 EL Hefeflocken | im Würzöl aufschlagen. |
| 200 g Joghurt | löffelweise dazugeben und glattrühren. Mit |
| 1 TL Sojasauce | abrunden und kräftig durchmischen. |

Sie können die Joghurtsauce mit frisch gehackten Kräutern verzieren.
Paßt gut zu sommerlichen Gemüsegerichten, Hirseauflauf, leichten Getreidegerichten; auch als Salatdressing geeignet.

## Italienisches Cremejoghurtdressing (Variante 2)

| | |
|---|---|
| 1 EL O-sole-mio-Würzölmischung | (S. 18) und |
| 1 TL Pfeffer-Würzöl | mit |
| 1 EL Dinkelflocken | im Würzöl aufschlagen. |
| 200 g Cremejoghurt | löffelweise dazugeben und glattrühren. |
| | Mit |
| wenig Kräutersalz | und |
| 1 – 2 Tropfen Zitronenessenz | abrunden und kräftig durchmengen. |

## Mayonnaise-Ersatz aromatischer Cremejoghurt

Als Ersatz für eine selbstgemachte Mayonnaise aus Eiern nehmen Sie das Grundrezepte aus Variante 1 oder 2 und reduzieren alle Zutaten um die Hälfte. Mit dem Schneebesen schlagen Sie tropfenweise noch etwas Distel-, Sonnenblumen- oder Olivenöl ein. Verdünnen Sie zwischendurch mit Zitronensaft.

## Minzcremejoghurt

| | |
|---|---|
| 1 kräftiger Stengel Minze | waschen und kleinhakken. |
| 200 g Mayonnaise-Ersatz | unterheben. |
| 2 Tropfen Grüne Pfefferessenz | und |
| 5 Tropfen Minzessenz | zum Abschmecken. |

Diese Variante kann auch mit echter Mayonnaise hergestellt werden. Serviervorschlag: Die Creme mit frischen Minzblättern und 1 EL Mandelstifte garnieren und zu kalten Platten, Rohkostschnitten, Fondue, Roastbeef und diversen gedünsteten Gemüsen an heißen Sommertagen reichen.

## Thai-Dressing

| | |
|---|---|
| 5 EL Sojasauce | mit |
| 2 Tropfen Ingweressenz | |
| 1 Tropfen Korianderessenz | und |
| 1 Tropfen Lemongrassessenz | emulgieren. Mit |
| 5 EL Wasser | verdünnen und |
| 1 EL Sesamöl | dazumischen. |

Passend zu Frühlingsrollen, gebratenen Wan Tans (asiatische Nudeltaschen), als Salatsauce für Möhrensalat, garniert mit geröstetem Sesam.

## Minz-Mayonnaise

| | |
|---|---|
| 1 kräftiger Stengel Minze | waschen und kleinhakken. |
| 200 g Mayonnaise | unterheben. |
| 2 TL Pfeffer-Würzöl | und |
| 5 Tropfen Minzessenz | zum Abschmecken. |

Mit frischen Minzblättern und 1 EL Mandelstiften garnieren.

Reichen Sie die Mayonnaise zu kalten Platten, Fondue, zu Roastbeef und diversen gedünsteten Gemüsen an heißen Sommertagen.

## Basilikum-Mayonnaise

| | |
|---|---|
| 2 Eigelbe | mit dem Mixer aufschlagen. |
| 3 TL Estragon-Senf *<br>1 EL Zitronensaft<br>1 TL Pfeffer-Würzöl<br>2 TL Basilikum-Würzöl<br>2 Tropfen Zitronenessenz<br>1 Tropfen Clementinenessenz | und<br>dazugeben und mit |
| etwas Meersalz<br>1 EL Wasser | vermischen. |
| 125 ml Oliven-, Distel- oder Sonnenblumenöl | erst tropfenweise, dann im dünnen Strahl unterrühren, bis eine dickflüssige Mayonnaise entsteht. |

* *Herstellung von Estragon-Senf:*

| | |
|---|---|
| 50 g Senf<br>5 Tropfen Estragonessenz | mit<br>emulgieren. |

## Bunte Tupfer für Salate, Cracker und Brote

### Frischkäse – aromafein (Variante 1)

| | |
|---|---|
| 100 ml Sahne | steifschlagen. |
| 150 g Frischkäse | mit der Sahne verrühren. |
| Salz<br>1 kräftige Prise Currypulver<br>3 Tropfen Grüne Pfefferessenz<br>1 EL Euro-Asia-Würzölmischung (S. 20) | und<br>zum Abschmekken. |
| 1 EL gehackte Mandeln | in der Pfanne rösten und unterziehen. |

*Serviervorschlag:* Spritzbeutel mit großer Tülle nehmen, mit der Creme füllen und auf Cracker, geviertelte Toastscheiben oder kleine Brötchen spritzen. Mit gerösteten Mandeln, frisch gehackten Kräutern oder Sprossen garnieren.

### Frühlings-Fit-Frischkäse (Variante 2)

Dieselbe Grundmenge wie bei Frischkäse – aromafein verwenden, lediglich die aromatische Mischung ändern.

| | |
|---|---|
| 1 Handvoll frische Kräuter<br>oder Bärlauch (je nach Jahreszeit) | hacken. |
| 2 EL Sesamsamen | in der Pfanne rösten und in die Creme unterziehen. |
| etwas Salz | |

schwarzer Pfeffer und
1 EL Dill & Co.-Würzölmischung (S. 19) zum Abschmecken.

*Serviervorschlag:* Spritzbeutel mit großer Tülle nehmen, mit der Creme füllen und auf Cracker, geviertelte Toastscheiben oder kleine Brötchen spritzen. Mit gerösteten Mandeln, frisch gehackten Kräutern oder Sprossen garnieren.

## Roquefort-Dip pikant

100 g Roquefort mit der Gabel zerdrücken. Mit

200 g Crème fraîche
oder wahlweise Joghurt vermischen.

1 EL Portwein mit
3 Tropfen Grüne Pfefferessenz
1 Tropfen Bayessenz
1 EL Euro-Asia-Würzölmischung (S. 20) innig verrühren.

1 EL gehackte Walnüsse unterziehen.

Ein Dip für alle Gelegenheiten.

## Grüne Sauce Aromatika

Die berühmte Grüne Soße aus Frankfurt wird im Originalrezept mit selbstgemachter Mayonnaise angerührt. Sieben klassische Kräuter gehören dazu: Petersilie, Schnittlauch, Dill, Kerbel, Boretsch, Sauerampfer und Pimpinelle.

*Hier eine leichte Variante mit feinem Aroma:*
2 EL Dill & Co.-Würzölmischung (S. 19) mit
1 Handvoll frischen Kräutern je nach Jahreszeit wiegen und mit dem Würzöl vermengen.

| | |
|---|---|
| 2 – 3 Tropfen Zitronenessenz<br>1 Tropfen Grapefruitessenz | und wahlweise<br>in die Kräuterwürzölmischung einrühren. |
| 250 g Joghurt<br>250 g Sauerrahm | und<br>dazugeben und innig miteinander verrühren. |
| 2 – 3 Eier | hartkochen, in kleine Würfel schneiden und unter die Sauce ziehen. |

Grüne Sauce paßt hervorragend zu Pellkartoffeln oder zu gekochtem Rindfleisch.

## Apfelmeerrettich-Dip

| | |
|---|---|
| 300 g frische Meerrettichstangen | schälen und auf der Küchenreibe feinschaben. |
| 1 säuerlichen, mittelgroßen Apfel | ebenfalls reiben. |
| Saft ½ Zitrone | darüberträufeln. |
| 1 Prise Rohrzucker<br>etwas Salz | und<br>gut mit der Meerrettichapfelmasse vermengen. |
| 250 ml Sahne | steifschlagen und mit |
| 3 Tropfen Zitronenessenz<br>2 Tropfen Orangenessenz<br>1 Tropfen Grüne Pfefferessenz | <br>und<br>abrunden und behutsam unterziehen. Mit der restlichen Masse vermischen. |

Gut für frische Rohkostplatten, verdünnt auch als Salatsauce, zu geräuchertem Lachs, Roastbeef, Tafelspitz und Schinkenröllchen geeignet.

## Bärenstarker Bärlauchquark

| | |
|---|---|
| 30 g Butter (Zimmertemperatur) | mit |
| 1 Prise Salz | und |
| 1 EL Brennesselsenf (oder anderem Senf) | schaumig schlagen, |
| 1 TL Hefeflocken | unter ständigem Rühren einstreuen. |
| 250 g Quark | löffelweise einarbeiten, bis die Masse luftig und homogen ist. |
| 1 TL O-sole-mio-Würzölmischung (S. 18)<br>5 EL geschnittener Bärlauch<br>2 Tropfen Zitronenessenz<br>3 Tropfen Grapefruitessenz | und |
| etwas Zitronensaft | untermischen und abschmecken. |

*Serviervorschlag:* Spritzbeutel mit großer Tülle nehmen, mit der Creme füllen und auf Cracker, geviertelte Toastscheiben oder kleine Brötchen spritzen. Mit gerösteten Mandeln, frisch gehackten Kräutern oder Sprossen garnieren.

## Tomatenjoghurt

| | |
|---|---|
| 1 mittlere Zwiebel | sehr klein schneiden. |
| 1 Knoblauchzehe | in |
| 1 kräftigen Prise Salz | zerdrücken. Mit |
| 1 EL Basilikum-Würzöl | mit |
| 1 EL O-sole-mio-Würzölmischung (S. 18) | |

| | |
|---|---|
| 150 g Tomatenmark<br>etwas Salz<br>1 Prise schwarzer Pfeffer<br>1 EL frisches Basilikum<br>300 g Joghurt | hacken, mit allem und gut vermengen. |

Den Tomatenjoghurt mit frischen Basilikumblättern garnieren. Passend zu Rohkost, Nudelgerichten, leichten Sommergemüsen und als Dip für Fondues.

## Tomatenminzsauce (warm)

| | |
|---|---|
| 300 g Tomatenmark | kurz aufköcheln lassen. |
| 30 g Butter<br><br><br>200 g Sauerrahm | mit dem Schneebesen nach und nach einrühren,<br>unterheben und kurz weiterköcheln lassen. |
| 2 TL Zitronensaft<br>3 Tropfen Minzessenz<br>1 TL Akazienhonig | und<br>in<br>einrühren. |
| Salz<br>Pfeffer | und<br>zum Abschmecken. |

Die Sauce mit frischen Minzblättern garnieren.
Die Tomatenminzsauce kann auch mit Rosmarin-, Thymian- oder O-sole-mio-Würzölmischungen variiert werden. Paßt gut zu Nudelgerichten, Zucchinigemüse, Bratlingen und diversen Fleischgerichten.

## Reizvolle Zitrussauce

| | |
|---|---|
| 100 g Vollkornreis | mit |
| 100 ml trockenem Weißwein | und |
| 100 ml Gemüsebouillon | aufkochen und 30 Minuten ziehen lassen. Die Masse in den Mixer heiß einfüllen und sofort pürieren. |
| 50 g Butterwürfel | (auch aromatisierte) nach und nach dazugeben und sofort mixen. |
| 1 TL Akazienhonig und wahlweise | zur Geschmacksverstärkung |
| 1 TL Clementinen-Mandarinen-Sirup (S. 22) | |
| 1 EL Capri-Würzölmischung (S. 18) | und |
| 2 – 3 Tropfen Grüne Pfefferessenz | in |
| etwas Sahne oder Sesamöl | emulgieren. |
| 1 kräftigen Schuß Orangensaft | und |
| 1 Schuß Zitronensaft | hinzufügen, mit |
| Salz | und |
| Pfeffer | abschmecken. |

Reizvoll zu frischem Sommergemüse, Quiches, Überbackenem, zu feinem Kalbfleisch und Getreide-Burgern. Die Sauce kann auch mit anderen Getreidearten und Würzölmischungen beliebig variiert werden.

## Orangen-Dattel-Chutney

| | |
|---|---|
| 250 g unbehandelte Orangen | Schale abreiben und zur Seite stellen. Die Orangen filetieren, entkernen und fein würfeln, dazu |

| | |
|---|---|
| 200 g Zwiebeln | feinhacken, |
| 250 g Datteln | entkernen, feinschneiden und mit |
| 250 g Rosinen | mischen. |

| | |
|---|---|
| 100 g Akazienhonig | mit |
| 15 Tropfen Orangenessenz | |
| 5 Tropfen Limettenessenz | |
| 3 Tropfen Galgantessenz | |
| 1 Tropfen Nelkenessenz | und |
| 1 Tropfen Lemongrassessenz | emulgieren. |

Orangenstücke, Datteln und Rosinen mit der Hälfte des aromatisierten Honigs vermischen, die Hälfte der Orangenschalen dazugeben und 1 Stunde ruhen lassen.

| | |
|---|---|
| 250 g Akazienhonig | mit |
| 0,75 ml Weinessig | im Edelstahltopf zum |

Kochen bringen, mit dem Schneebesen rühren, bis sich der Honig gelöst hat. Die vorbereitete aromatisierte Orangen-Dattelmasse unterheben und bei schwacher Temperatur noch eine halbe Stunde leicht köcheln lassen.

Den Rest des aromatisierten Honigs in das Chutney einrühren, in vorgewärmte, sterilisierte Weckgläser abfüllen und sofort verschließen. An einem dunklen Ort aufbewahren.
Serviervorschlag: zu Fondues, aromagegartem Gemüse, Currygerichten; klassisch in der indischen Küche zu Fleisch, Geflügel, Fisch.

## Pesto nach Genueser Art

| | |
|---|---|
| 250 g Parmesankäse<br>50 g pfeffriger Peccorino | und<br>in eine Schüssel reiben. |
| 125 g frischer Schafskäse<br><br><br><br><br>100 ml nativem Olivenöl | mit einer Gabel zerdrükken und dazugeben. Alles zusammen im Mixer unter ständiger Zugaben von<br>verquirlen. |
| 1 Bund frisches Basilikum<br>3 Stengel glatte Petersilie<br>2 – 3 Blätter Spinat | <br>und<br>feinwiegen. |
| <br>50 g Pinienkernen<br>1 zerdrückten Knoblauchzehe | Mit<br>und<br>in die Käse-Öl-Masse einarbeiten. |
| 3 EL Basilikum-Würzöl<br>1 TL Petersilie-Würzöl<br>5 Tropfen Zitronenessenz<br>1 Tropfen Muskatessenz | <br><br><br>emulgieren und unter mischen. |
| <br>½ Zitrone<br>schwarzem Pfeffer | Mit dem Saft<br>und<br>abschmecken. |

Kein Salz dazugeben, da im Käse genug enthalten ist.
In einem Schraub- oder Weckglas im Kühlschrank aufbewahrt, können mit dem Pesto diverse Nudelgerichte, Fleisch und selbst Fischgerichte wie Lachs himmlisch abgerundet werden.

## Pikante Kürbispickles in Ingwer-Lorbeersud

| | |
|---|---|
| 2 kg Kürbis<br>1 EL Ingwer-Würzsalz * | in Würfel schneiden, mit vermischen und 1 Stunde ziehen lassen. |

In der Zwischenzeit einen aromatisierten Honig herstellen:

| | |
|---|---|
| 250 g Akazienhonig | mit |
| 2 EL Lorbeer-Würzöl | |
| 7 Tropfen Grüne Pfefferessenz | |
| 5 Tropfen Orangenessenz | |
| 2 Tropfen Nelkenessenz | und |
| 1 Tropfen Zimtrindenessenz | emulgieren und zur Seite stellen. |

| | |
|---|---|
| 250 ml Weinessig | und |
| 400 ml Wasser | vermischen, die eingelegten Kürbiswürfel einmal aufkochen lassen. |

Von der Flamme ziehen, den aromatisierten Honig einrühren und sofort in sterile Gläser abfüllen, auf den Deckel Alkohol tropfen, anzünden und sofort auf das Glas schrauben. Das Eingelegte muß fingerbreit mit Sud bedeckt sein.

* *Herstellung von Ingwer-Würzsalz:*

| | |
|---|---|
| 10 Tropfen Ingwer | in ein Schraubglas tröpfeln, Glas drehen, so daß die Wand benetzt wird, |
| 100 g Meersalz | einfüllen, und kräftig schütteln. |

## Rosenessig

*Aromatisierter Essig macht Mikroben miese Laune!*

| | |
|---|---|
| 100 g ungespritzte Rosenblütenblätter in | |
| 1 Flasche Weinessig | geben. |
| | In die Flasche |
| 1 Tropfen Muskatessenz | |
| 1 Tropfen Korianderessenz | |
| 1 Tropfen Rosenessenz | und |
| 3 Tropfen Fenchelessenz | hineinträufeln, kräftig schütteln. |

Die Flasche luftdicht verschließen und etwa drei Wochen an einem sonnigen Ort stehenlassen oder 4 Wochen an einem warmen Ort lagern.

Das Rezept kann mit Estragon-, Thymian-, Majoran-, Lorbeer-, Bay- oder anderen Kräuter- und Würzessenzen Ihrer Wahl beliebig variiert werden.

## Vinaigrette

| | |
|---|---|
| 1 Schalotte | feinhacken. |
| | Mit |
| 2 EL Weinessig | und |
| 5 EL Olivenöl | mit |
| 1 EL O-sole-mio-Würzölmischung | (S. 18) |
| 2 Tropfen Grüne Pfefferessenz | emulgieren. |
| 2 EL Gemüsebrühe | darunterrühren. Die Vinaigrette kann mit |
| 1 EL gewiegten Kräutern | verfeinert werden. |
| etwas Meersalz | und |
| Rohrzucker | zum Abschmecken. |

# Frühstücksgerichte

# FRÜHSTÜCKSGERICHTE

## MÜSLI FÜR FRÜHSTÜCKSGÄSTE

| | |
|---|---|
| 200 g Sauerrahm | |
| 200 ml Sahne | |
| 2 Tropfen Vanilleessenz | |
| 2 Tropfen Orangenessenz | |
| 1 Tropfen Grapefruitessenz | |
| 1 Tropfen Bergamotteessenz | |
| 1 EL Honig | und |
| 2 EL Mandelmus oder Haselnußmus | vermischen. |

| | |
|---|---|
| 4 EL grobe Haferflocken | |
| 4 EL Dinkelflocken | |
| 2 Tassen Cornflakes | |
| 2 EL Weizenkeime | |
| 1 EL Rosinen | |
| 1 geschnittene Banane | |
| 1 geschnittener Apfel oder Birne | |
| 1 EL geröstete Kokosflocken | und |
| 1 EL gerösteter Sesam | zu einem Müsli mischen und in Frühstücksbols servieren. |

## Gekochtes Dinkelschrot mit Ingwer und Zimt für kalte Tage

| | |
|---|---|
| 100 g Dinkelschrot | mit |
| 1 Prise Meersalz | weichkochen. |
| 3 TL Clementinen-Mandarinen-Orangenhonig (S. 22) in | |
| 100 ml Sahne | unterziehen mit dem Weizenschrot vermischen. |

## Frischkornmüsli

| | |
|---|---|
| 3 EL Weizenschrot | über Nacht in Wasser einweichen, |
| 1 TL Honig | mit |
| 1 – 2 Tropfen Mandarinenessenz | emulgieren und mit |
| 2 EL groben Haferflocken | |
| 200 g Sauerrahm oder Joghurt | |
| 1 EL gehackten Nüssen | unter das Weizenschrot ziehen. |

## Nussmusmüsli mit Bergamotte

| | |
|---|---|
| 1 EL Honig | mit |
| 1 Tropfen Kakaoessenz | |
| 2 Tropfen Vanilleessenz | und |
| 2 Tropfen Bergamotteessenz | emulgieren und mit |
| 2 EL groben Haferflocken | |
| 1 EL Dinkelflocken | |
| 2 EL Haselnußmus | und |
| 200 g Joghurt | mischen. |

## Griessbrei mit Mandarinenflavour

| | |
|---|---|
| 100 g Vollkorngrieß | in |
| 200 ml Wasser oder Milch | kochen. |

| | |
|---|---|
| 3 EL süße Sahne | mit |
| 2 Tropfen Kakaoessenz | |
| 1 Tropfen Grüne Mandarinenessenz | |
| 2 Tropfen Rote Mandarinenessenz | emulgieren. |

Die aromatisierte Sahne in den gekochten Grieß einrühren und nach Belieben mit

| | |
|---|---|
| etwas Honig | süßen. |

Kann mit gerösteten Mandeln serviert werden.

## Süsse Pfannkuchen

| | |
|---|---|
| 200 g Dinkelmehl | mit |
| 3 Eigelbe | |
| 1/8 l Milch | |
| 1 Prise Kräutersalz | und |
| 1 EL gemahlenen Haselnüssen | gut verrühren. |

| | |
|---|---|
| 2 EL Honig | mit |
| 3 Tropfen Vanilleessenz | |
| 2 Tropfen Zitronenessenz | emulgieren und dazu |
| 3 Eiweiße | schaumig schlagen und unter den Teig ziehen. |

Die Pfannkuchen in Butter beidseitig ausbacken.

## Aromatisierte Joghurts

Die Joghurts passen sehr gut zu warmem Obst und Kompott.

### Mandarinenjoghurt

| | |
|---|---|
| 1 TL Honig oder Ahornsirup | mit |
| 1 – 2 Tropfen Mandarinenessenz | und |
| 1 Tropfen Honigessenz | emulgieren und mit |
| 150 g Joghurt | innig mischen. |

### Grapefruitjoghurt

| | |
|---|---|
| 1 TL Honig oder Ahornsirup | mit |
| 2 Tropfen Grapefruitessenz | und |
| 1 Tropfen Vanilleessenz | emulgieren und mit |
| 250 g Joghurt | innig mischen. |

### Orangenjoghurt mit Safran

| | |
|---|---|
| 1 EL Honig oder Ahornsirup | mit |
| 2 Tropfen Orangenessenz | |
| 1 Tropfen Vanilleessenz | |
| 1 Tropfen Bergamotteessenz | und |
| 1 Messerspitze Safranpulver | emulgieren und mit |
| 300 g Joghurt | innig mischen. |

# Desserts

# Desserts

## Mandelquark mit Birnen

| | |
|---|---|
| 100 ml Sahne | mit |
| 1 Eigelb | |
| 1 EL Honig | |
| 1 EL Mandelmus | |
| 3 Tropfen Vanilleessenz | und |
| 1 Tropfen Zimtrindenessenz | im Mixer aufschlagen und mit |
| 250 g Quark | mischen. |
| | Mit |
| 3 kleingeschnittenen Birnen | und mit |
| 1 EL Rumrosinen | kräftig vermengen und ziehen lassen. |

## Orangenflan

| | |
|---|---|
| 4 Eier | mit |
| ¼ l Milch | |
| 3 EL Sahne | |
| 3 EL Honig | |
| 4 Tropfen Vanilleessenz | und |
| 5 Tropfen Orangenessenz | gut verquirlen. |

Die Masse in 4 kleine Auflaufförmchen füllen. Bei 120 Grad im Ofen ca. 40 Min. backen, bis die Masse gestockt ist.

## Obstsalat

| | |
|---|---|
| 2 Apfelsinen | |
| 2 Äpfel | |
| 2 Birnen | und |
| 1 Banane | kleinschneiden und mit |
| 1 EL Rosinen | und |
| 1 EL gerösteten Mandelsplittern | vermengen. |
| 200 g Sauerrahm | mit |
| 100 ml Sahne | |
| 2 EL Akazienhonig | |
| 3 Tropfen Vanilleessenz | |
| 2 Tropfen Orangenessenz | und |

1 Tropfen Bergamotteessenz verrühren und unter das Obst mischen.

## Zabaione Ingwer-Orange

| | |
|---|---|
| 7 Eigelbe | |
| 4 EL Ahornsirup | |
| 3 Tropfen Orangenessenz | und |
| 1 Tropfen Ingweressenz | im warmen Wasserbad zu einer schaumigen Creme schlagen. |
| 1 Tasse Muskatellerwein | nach und nach zugeben, im heißen Wasserbad auf kleiner Flamme mit dem Schneebesen in einer Acht weiterrühren, bis die Flüssigkeit cremig wird. |

Nach kurzem Abkühlen nochmals kräftig schaumig schlagen, in Dessertschälchen füllen und abkühlen lassen. Paßt gut zu Grießflammeri oder Birnenkompott.

## Erdbeerpfeffer karamelisiert

| | |
|---|---|
| 500 g frische Erdbeeren | vierteln, |
| 100 g Akazienhonig oder Ahornsirup mit | |
| 5 Tropfen Grüne Pfefferessenz | und |
| 3 Tropfen Vanilleessenz | emulgieren und in der Pfanne kurz anwärmen. |

Die Erdbeeren glasieren, sofort in Dessertschälchen füllen und mit einer Sahnehaube servieren.

## Erdbeerpfefferquark

| | |
|---|---|
| 500 g frische Erdbeeren | vierteln, |
| 150 g Sauerrahm | und |
| 250 g Quark | gut vermischen. |

| | |
|---|---|
| 150 g Akazienhonig oder Ahornsirup mit | |
| 4 Tropfen Vanilleessenz | |
| 2 Tropfen Orangenessenz | |
| 2 Tropfen Grüne Pfefferessenz | und |
| 1 Tropfen Cardamomessenz | emulgieren und unter die Quarkmasse ziehen. |

Nach Belieben mit Wasser, Schwedenmilch, Sojamilch oder Milch verdünnen, dann die Erdbeeren unterheben.

## Mango-Limettenspiegel

| | |
|---|---|
| 1 reife geschälte Mango | grob schneiden, im Mixer pürieren und durch ein Sieb passieren. |
| 3 EL Akazienhonig | mit |
| 3 Tropfen Limettenessenz | und |
| 1 Tropfen Korianderessenz | emulgieren, mit der Mango verrühren und mit |
| 100 ml Mangosaft | verdünnen. |

Ist für Mousse, Cremes, Eis, Parfait oder Puddings als Saucenspiegel geeignet.

## Rosenblütencreme

| | |
|---|---|
| 150 ml Sahne | schlagen. |
| 150 g Frischkäse | in die Sahne unterziehen und mit |
| 3 Tropfen Vanilleessenz | und |
| ½ Tropfen Rosenessenz | emulgieren. |
| 2 Eigelbe | mit |
| 2 EL Akazienhonig | mit dem Handmixer schaumig schlagen und |
| 300 g Joghurt | unterziehen. |
| 2 Eiweiße | steif schlagen. |
| 1½ EL gelöste Gelatine | kalt in die Eigelbmischung rühren, rasch |
| 1 EL Rosenwasser | einrühren, die aromatisierte Sahne-Frischkäsemischung und danach den Eischnee hinzufügen. |

In Schälchen oder eine Form geben. Vor dem Servieren mehrere Stunden kalt stellen. Die Rosenmasse kann auch geeist mit ungespritzten Rosenblüten serviert werden.

## Beerenkirschkaltschale

mit Johannisbeersaft oder aromatisiertem Rotwein

| | |
|---|---|
| 500 g Kirschen | waschen und entsteinen. |
| 350 g Johannisbeeren | waschen und abzupfen. |
| 350 g Himbeeren | vorsichtig waschen und die Hälfte der Beeren im Mixer kurz pürieren. |
| 1 ungespritzten Zitrone | Den Saft in das Püree mischen und kaltstellen. |
| 150 g Akazienhonig<br>5 Tropfen Clementinenessenz<br>3 Tropfen Vanilleessenz<br>2 Tropfen Bergamotteessenz<br>1 Tropfen Cardamomessenz | mit<br><br><br>und<br>emulgieren und die Kirschen und restlichen Beeren darin marinieren und ebenfalls kaltstellen. |
| 0,5 l Rotwein<br><br>2 EL Kuzu (Pfeilwurzelmehl)<br>5 Tropfen Orangenessenz | leicht erhitzen, davon 2 EL abnehmen und<br>darin anrühren und mit<br>emulgieren. |

Die angerührte Speisestärke in den Rotwein einrühren und kurz aufkochen lassen, das Fruchtpüree und die marinierten Kirschen und Beeren im Rotwein mischen und mindestens 3 Stunden kaltstellen.

Anstelle von Rotwein kann Johannisbeersaft verwendet werden. Mit frischen Beeren die Schalen dekorieren.

## Vanilleeis

| | |
|---|---|
| 3 Eiweiß | steif schlagen, |
| 250 ml Sahne | steif schlagen. |
| 1 EL Akazienhonig | langsam in die Sahne rühren. |
| 3 Eigelb | nacheinander unter Rühren dazugeben, |
| 1 TL Akazienhonig | mit |
| 5 Tropfen Vanilleessenz | und |
| ½ TL Vanillepulver | mischen und alles mit einander vermengen. |

Die Masse in ein Gefäß füllen und mindestens 3 Stunden im Tiefkühlfach frierenlassen.
Sie können jede Geschmacksrichtung mit anderen Essenzen wählen, beispielsweise Kakao, Cardamom und alle Zitrusöle.

## Rosen-Neroliparfait

| | |
|---|---|
| 6 Eigelbe | im Wasserbad schaumig schlagen. |
| 200 g Akazienhonig | mit |
| 1 – 3 Tropfen Rosenöl | und |
| 1 EL Orangenblütenwasser | emulgieren. |

Das Eigelb aus dem Wasserbad nehmen, nach und nach den Rosenhonig unterrühren und abkühlen lassen.

| | |
|---|---|
| 0,5 l Sahnesteif | schlagen und unter die Rosenmasse heben. |

In eine Auflaufform gießen und gefrieren lassen.

*Serviervorschlag:* Die Form in heißes Wasser tauchen, stürzen und auf einem „Rosenbett“ mit frischen oder getrockneten Rosenblüten arrangieren.

## Glace de Lavende – Lavendeleis

| | |
|---|---|
| 1 EL frische Lavendelblüten | wenn vorhanden, ansonsten in |
| 2½ EL Muskatellerwein, Dessertwein oder Sekt | |
| 2 EL Lavendelhydrolat (-wasser) | oder |
| 1 Tropfen Lavendel fein-Essenz | geben und ca. ½ Std. an einem warmen Ort ziehen lassen. |
| 250 g Mascarpone | mit |
| 250 g Sauerrahm | aufschlagen. Die Masse soll noch cremig sein. |
| | Den Wein mit den abgesiebten Blüten langsam unterziehen und |
| 50 g Ahornsirup oder Honig | daruntermischen. |
| 2 Eiweiße | steifschlagen. |
| 50 g Ahornsirup oder Honig | mit |
| 5 Tropfen Lavendel fein-Essenz | und |
| 1 Tropfen Vanilleessenz | emulgieren, nach und nach unter das Eiweiß ziehen und in Mascarpone-Sauerrahm-Masse unterheben. |

Die Mischung in eine Schale füllen und gefrieren lassen. Mit Lavendelblüten garnieren.

# Getränke

# Getränke

## Milchmixgetränke

### Mandarinen-Milchmixgetränk

| | |
|---|---|
| 1 – 2 Tropfen Mandarinenessenz | mit |
| 1 EL Ahornsirup | vermengen, mit |
| ½ l Milch | im Mixer verrühren. |

### Bananen-Milchmixgetränk mit Zimtaroma

| | |
|---|---|
| 1 Tropfen Zimtblätteressenz | mit |
| 1 EL Ahornsirup | vermengen, mit |
| 1 Banane | und |
| ½ l Milch | im Mixer verrühren. |

---

Alle Zitrusessenzen sind verrührt mit Ahornsirup oder Honig und eignen sich sehr gut für Milch und Mixgetränke.

### Schwedenmix

| | |
|---|---|
| 1 – 2 EL Sahne | mit |
| 2 – 3 Tropfen Vanilleessenz | |
| 1 – 2 Tropfen Kakaoessenz | und |

1 – 3 Tropfen Clementinenessenz emulgieren, und mit 500 ml Schweden- oder Buttermilch im Mixer verrühren oder portionsweise im Shaker gut mixen und in Gläsern servieren.

## Feen-Nektar

| | |
|---|---|
| 200 ml Sahne | steifschlagen. |

| | |
|---|---|
| | Mit |
| 1 Tropfen Vanilleessenz | |
| 2 Tropfen Limettenessenz | |
| 2 Tropfen Kakaoessenz | |
| 2 EL Ahornsirup | emulgieren, mit |
| 500 ml Schwedenmilch | zu einem Getränk mixen. |

# Lassi – erfrischende Joghurt-Getränke aus Indien

## Zitronen-Lassi

| | |
|---|---|
| 500 g Joghurt | und |
| ¼ l Wasser | im Mixer verrühren. |

| | |
|---|---|
| 3 Tropfen Zitronenessenz | |
| 3 Tropfen Pampelmusenessenz | |
| 1 Tropfen Vanilleessenz | in |
| 1 EL Crème fraîche | verrühren und mit dem Joghurt vermischen. |

Gut gekühlt servieren.

## Rosen-Lassi mit Safran

500 g Joghurt
¼ l Wasser
1 EL Crème fraîche
¼ l Rosenwasser
5 EL Honig oder Ahornsirup und
2 Messerspitzen Safran vermischen.

# Drinks

Vitamindrinks mit Obst, Gemüse, Buttermilch, Milch und Sojamilch sind eine direkte Erholung für Ihre Gesundheit und „Tankstelle“ für den Vitaminbedarf.

## Traum Team

500 ml Orangensaft
250 ml Grapefruitsaft
250 ml Aprikosensaft
3 EL Melissen-Ingwersirup (S. 28) und
1 TL gehackte Zitronenmelisse in einem Mixer kurz mit oder ohne Eiswürfel mixen und in Longdrinkgläser füllen.

## Happy Summertime

500 ml Orangensaft
200 ml Grapefruitsaft
200 ml Ananassaft
300 ml kalter Früchtetee und
5 EL Clementinen-Mandarinen-Orangensirup innig vermischen und in langstielige Gläser füllen.

---

Mit 1 Orangenscheibe pro Glas dekorieren und servieren.

## Früchteerlebnis

500 ml Buttermilch
250 ml Pfirsichsaft
250 g frische Himbeeren und
5 EL Ahornsirup Tropica (S. 24) dazugeben, im Mixer kräftig pürieren.

---

2 Eiswürfel in je ein Longdrinkgläser füllen und mit der Fruchtbuttermilch aufgießen.

---

Mit ½ TL gehackten Pistazienkernen je Glas bestreuen.
Das Rezept kann mit verschiedenen Früchten variiert oder verändert werden.

## The Big Apple

500 ml Soja- oder Reismilch
500 ml frischer Apfelsaft
200 ml frischer Orangensaft
100 ml Ananassaft
5 EL Kakao-Kokos-Limettensirup (S. 23) und
10 Eiswürfel im Mixer kurz aufmixen.

In Longdrinkgläser gießen und jedes Glas mit
1 Apfelspalte dekorieren.

## Kräuter-Sprossen-Shake

500 ml Buttermilch oder Schwedenmilch
100 ml Sojamilch
100 ml Karottensaft
1 EL gehackte Petersilie
2 EL Weizengras und

5 EL Sprossen (Kresse, Alfalfa) im Mixer kurz anmixen.

---

2 Tropfen Limettenessenz
3 Tropfen Grüne Pfefferessenz und
1 TL Capri-Würzölmischung (S. 18) in
1 EL Akazienhonig emulgieren und innig mit den übrigen Zutaten verrühren.

---

Vor dem Servieren können Sie das Getränk kühlen. Wenn Sie den Glasrand der Longdrinkgläser zuvor mit Zitronensaft anfeuchten und dann in gehackte Petersilie tauchen, ergibt das einen schönen Effekt. Die Gläser 30 Minuten in das Eisfach stellen und den Kräuter-Sprossen-Shake in die geeisten Gläser füllen.

## Karotten-Orangen-Power

500 ml Karottensaft und
200 ml Soja- oder Reismilch mischen.

---

5 Tropfen Orangenessenz
2 Tropfen Rote Mandarinenessenz
1 Tropfen Grüne Pfefferessenz in
50 ml Sahne und
1 TL Akazienhonig emulgieren und mit dem Saft innig vermischen.

---

Gekühlt in langstieligen Gläsern servieren und mit jeweils 1 Minzblatt garnieren.

## Cocktail unter Palmen

| | |
|---|---|
| Saft von 2 Orangen | und den |
| Saft ½ Zitrone | mit |
| 1 TL Grenadine | |
| 1 Tropfen Pfefferminzessenz | |
| 1 Eigelb | und |
| zerkleinertem Eis | vermischen. |

In 2 Cocktailgläser füllen und mit Pfefferminzblättchen garnieren.

## Orangen-Limetten-Limonade

| | |
|---|---|
| Saft von 7 Orangen | mit |
| 1 l natriumarmen Mineralwasser | vermischen. |

| | |
|---|---|
| 150 ml Ahornsirup | mit |
| 10 Tropfen Orangenessenz | |
| 5 Tropfen Limettenessenz | |
| 2 Tropfen Vanilleessenz | und |
| 2 Tropfen Kakaoessenz | verrühren. |

Den aromatisierten Ahornsirup mit dem Orangen-Limonadenwasser mixen.

## Mandarinenblüte

| | |
|---|---|
| 50 ml Ahornsirup | mit |
| 6 Tropfen Mandarinenessenz | |
| 2 – 3 Tropfen Clementinenessenz | |
| 1 – 2 Tropfen Honigessenz | |
| 4 Eigelbe | |

| | |
|---|---|
| 125 ml Sahne<br>1 Tropfen Vanilleessenz<br>1 Tropfen Kakaoessenz | <br>und<br>gut vermischen. |

Mit
500 ml frischgepreßtem Pampelmusensaft und
250 ml schwarzem Johannisbeersaft mixen.

| | |
|---|---|
| 5 frische Mandarinen<br>etwas Wasser | mit<br>einige Minuten einkochen und abkühlen lassen. |

Je 1 EL Mandarinenmus mit
Eiswürfeln in die Gläser geben und den gemixten Saft darübergießen.

Mit frischen Mandarinenstückchen und Kakaopulver garnieren.

## Rosenapfelsaft à la Dietrich

| | |
|---|---|
| 1 l Apfelsaft<br>1 Tropfen Rosenessenz | mit<br>innig verschütteln. |

Gekühlt serviert ein rosiger Durstlöscher für alltägliche Gelegenheiten.

## Rosenwasser

| | |
|---|---|
| 1 l abgekochtes Wasser<br>2 Tropfen Rosenessenz | mit<br>versehen, in eine Flasche füllen, verschließen und kräftig schütteln. |

Für Dessert, diverse Getränke und Marzipanzubereitung.

# Eine Duftspur durch die Geschichte der „edlen Geister"

## Vom chinesischen Aphrodisiakum bis zum stärkenden Melissengeist der Karmeliternonnen

Parfümierte Getränke weisen eine alte Tradition auf. Vermutlich aromatisierten die Chinesen schon vor über 7000 Jahre ihre Weine und Speisen. Der konservierende und desinfizierende Aspekt von Lebensmitteln und Getränken durch ätherische Öle war zunächst auch die wichtigste Aufgabe in der Küche und der Medizinherstellung. Ihre aphrodisierende Wirkung, wie beispielsweise die der Rose und Myrte, blieb jedoch nicht lange unbekannt und verlieh den ätherischen Ölen den besonderen Ruf, Lebenselexierere zu sein.

Rund 5000 Jahre später entdeckten auch die Römer, bekannt für ihre raffinierte Kochkunst, die belebende Wirkung von ätherischen Ölen. Noch heute werden Met und Honigwein gerne als stärkende Mittel getrunken. Der französische Feinschmecker Brillat Savarin lobte in seinem im 18. Jahrhundert erschienenen Buch „Physiologie des guten Geschmacks" die ausgefeilte Kunst der Weinkonservierung, die von den Römern angewandt wurde.

Mit der Erfindung der Kühlschlange, die auf den arabischen Gelehrten Avicenna (980 – 1037 n. Chr.) zurückgeht, begann eine Renaissance der Destillierkunst: Ätherische Öle wurden in bis dahin nicht gekanntem Ausmaß hergestellt. Unter Avicennas Einfluß erblühten die Schule von Salerno in Süditalien und die Universitäten von Cordoba, Granada und Sevilla in Südspanien, die zu Stätten der hermetischen

Kunst der Alchemie wurden und die Anfänge der neuen *Aromakultur* im Abendland bildeten. Mit der Zeit gelang es den Alchimisten, nicht nur die Seele der Pflanze, das spezifische ätherische Öl, ihr individuelles Prinzip, zu extrahieren, sondern auch den Geist der Pflanze herauszudestillieren, den Alkohol der Pflanze, ihr anonymes Prinzip.

Aus einer Schrift des Magister Salernus' im 12. Jahrhundert geht hervor, daß die Destillation von Alkohol neuen wirksameren Heilmitteln diente. In den meisten Kulturen war beispielsweise der Branntwein zunächst nur Heilmittel, „Lebenswasser", „Aqua Vita" oder „l'eau de vie" genannt.

Die Entdeckung der Destillierkunst beeinflußte entscheidend die Medizin und trug zum Ursprung vieler Wissenschaften bei – ein bedeutendes Kapitel menschlicher Kulturgeschichte. Mit dem Ausbruch der Pest im 14. Jahrhundert nahm die medizinische Arbeit mit ätherischen Ölen und Alkohol zu. Aromatisierte Kräuteressige wie der „Essig der vier Räuber" (Salbei, Thymian, Rosmarin und Lavendel) und auch der Wacholderbranntwein schützen vor Ansteckung. Die nicht wasserlöslichen ätherischen Öle fanden in ihrem „Partner", dem Alkohol oder Essig, eine ideale Ergänzung, denn sie konnten darin gut emulgiert und gelöst werden. Die Wirksubstanzen blieben so „stabil", was sich die *Aromaküche* noch heute zu Nutzen macht. Vor allem in den Klöstern und den ersten mittelalterlichen Apotheken wurde diese wohledle Kunst der Medizin- und Lebenselexierherstellung praktiziert. Alkohol und ätherische Öle bildeten die Grundlage für Kräuterelixiere, Kräutergeister, Magenbitter, Klosterliköre und Gewürzweine. Der Melissengeist der Karmeliternonnen und der Chartreuselikör der Chartreusemönche helfen noch heute bei Schwächezuständen oder großen Anstrengungen.

Die Erfindung der Buchdruckerkunst im 16. Jahrhundert ließ die Grenze zwischen Genußmittel und Heildroge fließend werden. Eine neue Bewegung entstand, Horizonte erweiterten sich, vieles wurde öffentlich zugänglicher. Das „Conterfayt Kreüterbuch" erschien, und Hieronymus Bock verfaßte das „New Kreütterbuch". Die großen Kräuterväter, wie die Kräuterheilkundigen im Volksmund hießen, hatten ein immenses Wissen über Kräuter und Gewürze, das sie mit Hilfe der Buchdruckerkunst mehr und mehr bekannt machten. Der berühmte Arzt und Kräuterheilkundige Paracelsus konnte sieben verschiedene Sauerampfersorten geschmacklich, geruchlich und in ihren Formen und Eigenschaften detailliert beschreiben und entsprechend therapeutisch und diätisch einsetzen. Hieronymus Brunschwig, ein Straßburger Arzt, schreibt in seinem Werk „das buch der wahren kunst zu destillieren“:

> „Das Destillieren ist nichts anderes
> als das Subtile vom Groben
> und das Grobe vom Subtilen zu scheiden,
> das Gebrechliche oder Zerstörbare unzerstörbar,
> das Materielle unmateriell,
> das Leibliche geistig,
> das Unschöne schöner zu machen.“

## Rosenlikör

| | |
|---|---|
| 0,9 l Wasser | 5 Min. kochen und abkühlen lassen. |
| 7 – 9 Tropfen Rosenessenz<br>2 Tropfen Korianderessenz<br>1 Tropfen Zimtrindenessenz<br>0,7 l Kirschwasser | <br><br>und<br>hinzufügen. |
| 200 g Honig<br>125 ml Wasser | in<br>durch leichtes Erwärmen auflösen und dazugießen. |

Die Flüssigkeit mit den Ingredienzen gut schütteln und 2 – 3 Wochen an einen warmen Ort stellen.

| | |
|---|---|
| 100 ml Rosenwasser | dazugeben. |

Durch einen Kaffeefilter in dekorative Flaschen füllen und
1 TL Rosenblätter (Centifolia) je Flasche hinzufügen.
Mindestens 7 Wochen ruhen lassen.

## Safranlikör

| | |
|---|---|
| 200 g Akazienhonig<br>1 kräftige Messerspitze Safran<br>½ l Wasser<br>1 Flasche Cognac | und<br>in<br>auflösen und mit<br>vermischen. |

2 Tropfen Angelikawurzelessenz
2 Tropfen Anisessenz
2 Tropfen Muskatessenz
1 Tropfen Cardamomessenz
1 Tropfen Nelkenessenz

| | |
|---|---|
| 1 Tropfen Korianderessenz | und |
| 3 g Süßholzwurzelpulver | hinzugeben und alle Zutaten gut schütteln. |

14 Tage an einem warmen Ort stehen lassen und dann durch einen Kaffeefilter abfüllen. 6 bis 8 Wochen ruhen lassen.

## Chartreuselikör

Ein altes Rezept der Chartreusemönche

| | |
|---|---|
| 500 ml 96 % Vol. Alkolhol (unvergällt) mit | |
| 7 Tropfen Minzessenz | |
| 4 Tropfen Angelikawurzelessenz | |
| 1 Tropfen Melissenessenz | |
| 1 Tropfen Nelkenessenz | |
| 1 Tropfen Muskatessenz | |
| 1 Tropfen Ysopessenz | und |
| 1 Tropfen Zimtrindenessenz | vermischen. |
| 500 g Honig | in |
| 1,5 l abgekochtem Wasser | auflösen und mit dem Alkohol verrühren. |

Mit frischen Minzblättern in Flaschen abfüllen und mindestens 6 – 8 Wochen ruhen lassen.

## Dornröschenwein

1 Flasche Rosé, nach Geschmack trocken oder süß, mit

| | |
|---|---|
| 5 Tropfen Rosenessenz | und |
| 1 Tropfen Angelikawurzelessenz | gut vermischen. |

Den Wein etwa 1 – 2 Tage ruhen lassen.

## Gewürzter Honigwein

| | |
|---|---|
| 1 Flasche Weißwein | auf kleiner Flamme erwärmen und darin |
| 1 – 2 EL Honig | auflösen. |
| 1 Tropfen Muskatessenz | |
| 1 Tropfen Ingweressenz | und |
| 1 – 2 Tropfen Korianderessenz | dazugeben. |

## Wintermärchenwein

| | |
|---|---|
| 1 Flasche Portwein | mit |
| 5 Tropfen Zitronenessenz | |
| 4 Tropfen Limettenessenz | |
| 3 Tropfen Orangenessenz | |
| 1 Tropfen Zimtblätteressenz | und |
| 1 Tropfen Ingweressenz | vermischen. |

Mindestens 3 Wochen stehen lassen.

## Orangenbrandy

| | |
|---|---|
| 100 ml trockener Sherry | und |
| 200 ml Brandy | leicht erwärmen. |
| | In |
| 80 g Akazienhonig | |
| 18 Tropfen Orangenessenz | |
| 10 Tropfen Mandarinenessenz | und |
| 1 Tick Zimtrindenessenz | darin emulgieren, danach in den noch leicht warmen Sherry Brandy einrühren. |

In kleine dekorative 100 – 200 ml Flakons abfüllen und ruhen lassen.

## Pfisichbergamo

| | |
|---|---|
| 250 ml Pfirsichlikör | bereitstellen. |

| | |
|---|---|
| 7 Tropfen Vanilleessenz | und |
| 3 Tropfen Bergamotteessenz | in |

50 ml Ahornsirup oder Akazienhonig emulgieren und innig mit dem Pfirsichlikör verrühren und wieim obigen Rezept verfahren.

## Kakaolikör

| | |
|---|---|
| 0,7 l Obstler 38%iger, | darin |
| 20 g Kakaopulver | lösen und mit |
| 2 Prisen Muskatblütenpulver | versetzen. |

| | |
|---|---|
| 2 Spatel Tonkaextrakt | mit |
| etwas Weingeist | im Mörser lösen und |
| 25 Tropfen Kakaoessenz | |
| 8 Tropfen Vanilleessenz | |
| 2 Tropfen Nelkenessenz | und |
| 1 Tropfen Zimtrindenessenz | darin emulgieren und dem Obstler beimischen. |

7 – 8 Wochen reifen lassen, filtern und hernach in dekorative Flakons abfüllen.

## Aromatisierter Tee

Dem Aromatisieren von Tee ist ein eigenes Kapitel gewidmet, da viele Teesorten, die wir handelsüblich erhalten, mit sogenannten naturidentischen Aromastoffen versetzt sind. Mit den natürlichen Essenzen haben Sie die Möglichkeit, Ihre Tees selbst zu aromatisieren, wofür sich zahlreiche Essenzen eignen. Wir stellen hier nur einige wenige Rezepte vor – es bleibt Ihrer Phantasie überlassen, weitere „Tee-Aromen" zu kreieren.
Nach den folgenden Rezepten können Sie Ihre individuellen Teespezialitäten mit folgenden Essenzen herstellen: Orange, Mandarine, Clementine, Zitrone, Zimt, Ingwer, Vanille, Kakao und Honig.

### Vanille-Orangentee

150 g Schwarztee in eine Blechdose oder ein dunkles Schraubglas füllen.

---

2 Tropfen Vanilleessenz und
2 – 4 Tropfen Orangenessenz darüberträufeln.

---

Dose oder Schraubglas kräftig schütteln und etwa 2 – 3 Wochen stehenlassen; zwischendurch immer wieder schütteln.

### Earl Grey Tea

150 g Schwarztee in eine Blechdose oder ein dunkles Schraubglas füllen,
3 – 4 Tropfen Bergamotteessenz darüberträufeln.

---

Dose oder Schraubglas kräftig schütteln und etwa 2 – 3 Wochen stehenlassen; zwischendurch immer wieder schütteln.

## Gewürztee

| | |
|---|---|
| 300 g Schwarztee | in eine Blechdose oder dunkles Schraublas füllen. |
| 1 Tropfen Zimtrindenessenz | |
| 1 Tropfen Ingweressenz | |
| 1 Tropfen Kakaoessenz | und |
| 3 – 5 Tropfen Clementinenessenz | darüberträufeln. |

Dose oder Schraubglas kräftig schütteln und etwa 2 – 3 Wochen stehenlassen; zwischendurch mal wieder schütteln.

## Rosentee

| | |
|---|---|
| 150 g Schwarztee | mit |
| 2 EL Rosenblättern (Centifolia) | vermischen und in eine Blechdose oder ein dunkles Glas füllen. |
| 1 Tropfen Rosenessenz | und |
| 1 Tropfen Honigessenz | darüberträufeln. |

Dose oder Schraubglas kräftig schütteln und etwa 2 – 3 Wochen stehenlassen; zwischendurch mal wieder schütteln.

## Hagebuttentee

| | |
|---|---|
| 6 EL zerkleinerte Hagebutten | in |
| 1 l Wasser | 10 Min. kochen lassen. |

In die vorgewärmte Teekanne werden

| | |
|---|---|
| 2 Tropfen Vanilleessenz | geträufelt. |

Den abgekochten Hagebuttentee über der Teekanne absieben. Im Gegensatz zu anderen Vitamin-C-Trägern behält die Hagebutte auch nach dem Kochen noch über mehrere Stunden den vollen Vitamingehalt.

# Marmeladen, Honig, Bonbons, Marzipan und Schokolade

# Marmeladen, Honig, Bonbons, Marzipan und Schokolade

## Rosenmarmelade

| | |
|---|---|
| 200 g ungespritzte Rosenblätter (Centifolia) mit | |
| 800 ml Wasser | übergießen. Erst auf langsamer, dann auf hoher Stufe im Mixer vermischen. |
| Saft ½ Zitrone<br>3 Tropfen Limettenessenz<br>1 Tropfen Rosenessenz<br>1 Tropfen Vanilleessenz<br>125 g Rapshonig | <br><br>und<br>mit<br>emulgieren. |
| 1 gehäufter EL Agar Agar<br>200 ml Wasser | in<br>aufkochen, alle Zutaten dazugeben und nochmals 5 Min. kochen lassen. |

In sterile Gläser füllen und abkühlen lassen.

## Orangenmarmelade

| | |
|---|---|
| 2 kg ungespritzte Orangen | schälen und kleinschneiden. Das Fruchtfleisch in einen Stahl- oder Kupfertopf geben und mit |
| 1 l Wasser | zum Köcheln bringen. |

Etwa ein Drittel der kleingeschnittenen Schalen dazugeben und ca. 10 Min. köcheln lassen. Anschließend durch ein Tuch passieren.

| | |
|---|---|
| Die durchpassierte Masse mit | |
| 1 kg Orangenblütenhonig | und dem Rest der kleingeschnittenen Orangenschalen unter ständigem Rühren mit |
| 3 EL Agar Agar | und |
| ca. 200 ml Wasser | aufkochen und ca. 5 Min. köcheln lassen. |

| | |
|---|---|
| 50 g Orangenblütenhonig | mit |
| 20 Tropfen Orangenessenz | und |
| 10 Tropfen Ingweressenz | emulgieren und in die heiße Marmelade einrühren. |

Anschließend in sterile Gläser füllen.

*Ein guter Emulgator für Essenzen ist Honig. Kräftig aromatisierter Honig ist ein besonders delikates Süßmittel für Desserts, Drinks, Müslis und heiße Getränke. Er ist auch als Brotaufstrich beliebt.*

## Rosenhonig

| | |
|---|---|
| 100 g Rosenblätter (Centifolia) | in ein hitzebeständiges Glas geben und mit |
| 200 ml kochendem Wasser | übergießen. Gut durchrühren, über Nacht ziehen lasen und dann die Rosenblätter abseihen. |
| 750 g Honig | im Wasserbad anwärmen und das vorbereitete Rosenwasser dazugeben. |
| 3 Tropfen Limettenessenz<br>3 Tropfen Clementinenessenz<br>2 Tropfen Vanilleessenz | und |
| 2 Tropfen Rosenessenz | mit der Honigmasse emulgieren und in Gläser füllen. |

## Sommernachtshonig

| | |
|---|---|
| 50 g Rapshonig | verflüssigen und mit |
| 2 Tropfen Vanilleessenz<br>1 Tropfen Grapefruitessenz<br>2 Tropfen Orangenessenz | und |
| 3 Tropfen Minzessenz | emulgieren. |

## Clementinenhonig

| | |
|---|---|
| 50 g Orangenblütenhonig | mit |
| 5 Tropfen Clementinenessenz | emulgieren. |

## Zitronenhonig

| | |
|---|---|
| 50 g Akazienhonig | mit |
| 5 Tropfen Zitronenessenz | und |
| 2 Tropfen Limettenessenz | emulgieren. |

## Orangenhonig

| | |
|---|---|
| 500 g Akazienhonig | mit |
| 10 Tropfen Orangenessenz | |
| 2 – 5 Tropfen Clementinenessenz | und |
| 1 Tropfen Ingweressenz | emulgieren. |

## Weihnachtshonig

| | |
|---|---|
| 1 kg Rapshonig | mit |
| 5 Tropfen Orangenessenz | |
| 3 – 5 Tropfen Kakaoessenz | |
| 3 – 4 Tropfen Zitronenessenz | |
| 1 – 3 Tropfen Vanilleessenz | |
| 1 Tropfen Zimtrindenessenz | und |
| 1 Tropfen Ingweressenz | kräftig emulgieren. |

In Gläser abgefüllt, haben Sie immer ein nettes Geschenk vorrätig.

## Gewürzbonbons

| | |
|---|---|
| 250 g Honig | mit |
| 50 g Sesamsaat | |
| 10 Tropfen Orangenessenz | |
| 3 Tropfen Vanilleessenz | |
| 2 Tropfen Clementinenessenz | und |
| 1 Tropfen Zimtblätteressenz | emulgieren und auf klei- |

ner Flamme unter ständigem Rühren in einer Pfanne karamelisieren.

Die Masse auf ein mit eingefettetem Pergamentpapier abgedecktes Blech geben und zu einer Wurst drehen. Die Honigrolle nach dem Abkühlen in kleine Scheiben schneiden. Sie können das Rezept leicht mit anderen ätherischen Ölen wie Limette, Mandarine oder Kakao variieren. Ein herrliches Kindergeschenk!

## Marzipan

| | |
|---|---|
| ca. 500 g Honigmarzipan (Rohmasse) | mit einer Gabel in einer Porzellanschüssel zerdrücken und mit |
| 1 EL Rosenwasser | |
| 5 – 7 Tropfen Clementinenessenz | |
| 5 Tropfen Vanilleessenz | |
| 2 Tropfen Mandarinenessenz | |
| ½ Tropfen Zimtrindenessenz | und |
| ½ Tropfen Ingweressenz | gut vermengen. |

Die Marzipanmassesoll geschmeidig und weich sein.

Zu Marzipankugeln drehen und einzeln in Carob-, Kakaopulver oder Kokosflocken wenden; mit einer geschälten Mandel verzieren. Hübsch verpackt sind die Marzipankugeln ein willkommenes Geschenk.

## Crunchy

| | |
|---|---|
| 250 g Honig | |
| 150 g Haferflocken | und |
| 50 g Sesamsaat | in einer Eisenpfanne karamelisieren. |

Die Pfanne von der Flamme nehmen und
5 Tropfen Clementinenessenz

| | |
|---|---|
| 4 Tropfen Vanilleessenz | |
| 3 Tropfen Mandarinenessenz | und |
| 1 Tropfen Ingweressenz | dazugeben und kräftig unterrühren, solange die Honigmasse noch nicht ganz fest ist. |

Abkühlen lassen und 2 cm lange Stückchen von der festgewordenen Masse abbrechen; in eine Glasschale oder Keksdose geben.

## Mint-after-eight-Schokolade

| | |
|---|---|
| 200 g Schokolade | im Wasserbad erwärmen und mit |
| 3 Tropfen Minzessenz | |
| 2 Tropfen Spearmintessenz | und |
| 2 Tropfen Korianderessenz | emulgieren. |

## Weihnachtsschokolade

| | |
|---|---|
| 200 g Vollmilchkouvertüre | im Wasserbad erwärmen und mit |
| 3 Tropfen Cardamomessenz | |
| 2 Tropfen Korianderessenz | |
| 1 Spatel Nelkenessenz | |
| 3 Tropfen Orangenessenz | und |
| ¼ Tropfen Zimtrindenessenz | emulgieren. |

Frische Erdbeeren oder Mangostücke, getrocknete Ananas oder Datteln und Marzipankugeln erhalten mit der aromatisierten Schokolade eine extravagante Note.
Die Schokolade kann mit vielen anderen ätherischen Ölen, vor allem Zitrusölen, variiert werden. Ein persönliches Geschenk für viele Gelegenheiten.

# Rezepte von Gastköchen

# Rezepte von Gastköchen

## Reiner Fischer

Hotel „Villino“; Hotel und Restaurant mit besonderer Ambiente und erlesener Gourmetküche.

### Die Sinnlichkeit des Essens

Essen und Trinken gehören zu den elementaren Sinnesfreuden des Menschen. Als Koch fühle ich mich motiviert, meinen Gästen immer wieder besondere Gaumenfreuden zu servieren und meine Kunst zu erweitern. Sowohl das optische, geruchliche als auch das geschmackliche Erlebnis krönen die ganzheitliche Erfahrung eines jeden Gerichts und sind somit meine Herausforderung.

Die feinfruchtigen, -würzigen oder -blumigen reinen Naturaromen stellen eine willkommene Abwechslung in meiner experimentierfreudigen Küche dar. Neben den frischen Kräutern aus meinem eigenen Kräutergarten sind sie ein Quell der Inspiration, die meine Phantasie und Kochkreationen anregen. Der Einfallsreichtum und der Griff zur guten Qualität bei der Auswahl der Rohstoffe sind die Voraussetzungen für die große Vielfalt unserer Gerichte im „Villino“. Für Sie habe ich einige Rezepte zusammengestellt.

## Tomatenterrine mit Basilikum

| | |
|---|---|
| 4 Tomaten | 10 Sek. in kochendes Wasser halten und kalt abschrecken. Haut abziehen, entkernen, in in kleine Würfel schneiden und auf 4 Kaffeetassen verteilen. |
| 0,4 l Tomatensaft | mit einem |
| ½ Bund feingeschnittenem Basilikum<br>Salz<br>3 TL Basilikum-Würzöl<br>1 TL Pfeffer-Würzöl<br>½ EL Agar Agar | und<br>verrühren, 5 Min. kochen. |

Anschließend die Masse in die vorbereiteten Tassen füllen, einen Tag kalt stellen, dann stürzen.

## Joghurtterrine mit Grapefruitfilets

| | |
|---|---|
| 2 Grapefruits | schälen, filetieren und in vier Förmchen verteilen. |
| 300 g Naturjoghurt<br>etwas Zitronensaft<br>Salz<br>Pfeffer<br>1 Tropfen Pampelmusenessenz<br>1 Tropfen Vanilleessenz | mit<br>und<br>vermengen. |
| ½ EL Agar Agar<br>200 ml Wasser | in<br>5 Min. kochen und etwas abkühlen lassen. |

Anschließend mit der Joghurtmasse vermengen, einen Tag kaltstellen, dann stürzen.

## Schaumsuppe von grünem Pfeffer

| | |
|---|---|
| ½ l Gemüsebrühe<br>300 ml Sahne | mit<br>verrühren und 2 – 3 Min. köcheln lassen. |
| 100 g Crème fraîche<br>3 – 5 Tropfen Grüne Pfefferessenz | mit<br>emulgieren. |

In die Gemüsebrühe die Pfefferaromacreme untermischen.

## Schaschik (türkische Joghurtsuppe)

| | |
|---|---|
| 200 g Joghurt<br>200 ml Vollmilch<br>½ TL Pfeffer-Würzöl<br>1 TL O-sole-mio-Würzölmischung (S. 18) und<br>1 Prise Salz | verrühren. |
| 1 Salatgurke | schälen und in kleine Würfel schneiden. |

Die Joghurtmasse mit der gewürfelten Gurke auf 4 Suppenteller verteilen.

| | |
|---|---|
| 3 Scheiben Vollkornbrot | in Würfel schneiden, rösten und ebenfalls auf die 4 Teller verteilen. |

Zuletzt die Joghurtsuppe mit 1 Prise Paprika und Cayennepfeffer bestreuen.

## Spinatsalat mit Ei

| | |
|---|---|
| 2 Eier | hartkochen und das Eigelb vom Eiweiß trennen. |
| 1 EL Muskat-Würzöl<br>1 EL Pfeffer-Würzöl<br>1 TL Sliwowitz (oder anderer Pflaumenschnaps)<br>Saft ½ Zitrone<br>1 Prise Meersalz<br>0,2 l Apfeldicksaft<br>2 zerdrückte Eigelb | <br><br><br><br><br>und<br>mit dem Mixer zu einer Salatsauce verarbeiten. |
| 250 g Blattspinat | putzen, große Stiele entfernen und mit der Salatsauce vermengen. |

Das verbleibende Eiweiß kleinschneiden und über den Salat geben.

## Pflaumengrütze

| | |
|---|---|
| 1 kg Pflaumen | waschen, entsteinen und halbieren. |
| ½ l Beaujolais<br>¼ l Wasser<br>180 g braunem Rohrzucker<br>Saft ½ Zitrone | mit<br><br>und<br>aufkochen. Halbierte Pflaumen dazugeben. |
| 1 Tropfen Nelkenessenz<br>1 Tropfen Zimtblätteressenz | <br>in die Flüssigkeit emulgieren und die Pflaumen bei schwacher Hitze halb garkochen. |

| | |
|---|---|
| 40 g Speisestärke | in etwas Wasser anrühren und die Grütze damit eindicken. |
| 40 ml Sliwowitz | Zum Schluß unterrühren, die Grütze in eine Schüssel geben und kaltstellen. |
| 200 ml Sahne<br>2 Tropfen Vanilleessenz | mit verrühren und über die Grütze gießen. |

## Gerlinde Schratt

Kurhaus Schratt

Als ich vor einigen Jahren eine Gesundheitsmesse besuchte,wurde ich von magischen Düften zu einem der Stände hingezogen. Bisher hatte ich ätherische Öle nur im Zusammenhang mit der Kultivierung von Wohnräumen kennengelernt. Nun bekam ich die ersten Hinweise, daß mit ätherischen Ölen und fertigen Würzölen Speisen und Getränke aromatisiert werden können. Ich war so begeistert von dieser Kochweise, daß ich die Würzöle sehr bald in meine ernährungsbewußte Küche mit einbezog.

Ich wünsche Ihnen, liebe Berufs- und Hobbyköche, reiche Inspiration und freudigen Erfolg mit den ätherischen Ölen und Würzölen!

## Zucchini-Avocado-Carpaccio

| | |
|---|---|
| Rohkostvorspeise für 4 Personen | |
| 3 kleine Zucchini, ca. 500 g | in Scheiben schneiden, |
| 2 Avocados | dünn schälen, längs halbieren, in Scheiben schneiden und mit Zitronensaft beträufeln, |
| 5 – 6 Tomaten | in Scheiben schneiden. |

| | |
|---|---|
| 3 EL Balsamicoessig | |
| 2 EL Kräuteressig | |
| etwas Kräutersalz | |
| frische Petersilie | hacken, |
| 2 Stengel Basilikum | fein schneiden, |
| schwarzer Pfeffer frisch | mahlen, |
| 1 Knoblauchzehe | zerdrücken, |
| ½ TL Basilikum-Würzöl | |
| ½ TL O-sole-mio-Würzölmischung (S. 18) | |
| ¼ TL Schabzigerklee | |
| 3 EL Olivenöl | |
| 4 EL Sonnenblumenöl, kalt gepreßt | zu einer Marinade mit dem Mixgerät emulgieren, je zur Hälfte über die Zucchini und die Tomaten geben. |

30 Min. kaltstellen. Auf Tellern fächerförmig anrichten, übrige Marinade (Vinaigrette) darüber verteilen.

## Reis gratiniert auf Selleriescheiben

| | |
|---|---|
| Für 4 Personen | |
| 150 g Basmatireis | in |
| 300 g Gemüsebrühe | ca. 30 Min. aufkochen; zugedeckt auf kleinster Stufe garen lassen, nicht |

umrühren.

1 große Sellerieknolle waschen, dünn schälen, in fingerdicke Scheiben schneiden. In Wasser etwas Meersalz bißfest garen. Herausnehmen, in gebutterte Auflaufform legen.

1 Stange Lauch in Streifen schneiden und mit
Kräutern wie Petersilie, Dill und Basilikum in
Öl anschmelzen.

50 g Walnüsse grob hacken in,
60 g Butter rösten, mit
½ TL Rosmarin-Thymian-Würzöl (S. 19) und
2 Tropfen Grüne Pfefferessenz emulgieren. Mit
Currypulver abrunden.

Alles unter den Reis mischen, auf die Selleriescheiben häufen.

2 – 3 Tomaten in Scheiben schneiden. Das Gratin damit abdecken, leicht salzen und mit Olivenöl beträufeln.

100 g Emmentaler Käse reiben und das Gratin damit bestreuen.

15 – 20 Min. im Backofen bei 200 Grad gratinieren. Mit Kresse oder frischen Kräutern garnieren.

## Kürbissuppe à la Schratt

Für 4 Personen
600 – 800 g Kürbis würfeln, etwa 10 Min. kochen lassen, anschließend pürieren.

| | |
|---|---|
| 1 Zwiebel | fein hacken und in |
| Öl | fein andünsten, mit |
| Pfeffer | |
| Meersalz | |
| Hefewürze | |
| ¼ TL Ingwer-Würzöl | |
| 1 Tropfen Grüne Pfefferessenz | in |
| ⅛ l Sahne | emulgieren. |
| Schnittlauch oder Petersilie | hacken und damit abrunden. |
| 2 EL feines Reismehl (Naturreis) | mit kaltem Wasser anrühren, in kochendem |
| Wasser | binden. |

Alle Zutaten miteinander vermischen. Sahnehäubchen zum Garnieren.

## Dieter Straub

Korsika – die duftende Insel

Nähert man sich der Insel Korsika auf dem Meerweg, riecht man schon lange bevor die Insel sichtbar wird den intensiven Duft der Maccia. Vor allem Thymian, Majoran, Myrte und die vielen anderen, oft unbekannten Pflanzen verströmen verschwenderisch ihren Duft.

Bei einer unserer Reisen kamen wir – übernächtigt und ausgehungert – in der Bucht an und warfen den Anker. Ich machte mich daran, das Mittagessen für sechs hungrige Seefahrer zuzubereiten. Meine Auswahl an Bord war nicht sehr reichhaltig, weshalb ich einen Teil der Mannschaft losschickte, um von den Hügeln frische Kräuter zu pflücken.

Ich legte die Kräuter in Olivenöl ein, fügte einige Tropfen Pfefferminze- und Thymianessenz zur Geschmacksverstärkung bei und ließ das Ganze zusammen mit ein wenig Balsamico-Essig als Marinade ziehen. Zur Garnierung der inzwischen zubereiteten Lammschulter dienten kleine Häubchen von frischgeschlagener Mayonnaise, die mit französischem Senf ganz besonders köstlich schmeckt. Zusammen mit Tomaten provençale und frischem Brot war dies für den heißen Sommertag ein Essen, das unvergeßlich geblieben ist.

## Lammschulter à la Dieter Straub

Für 6 Personen

| | |
|---|---|
| 1,5 kg Lammschulter | häuten und mit |
| 3 – 5 Knoblauchzehen | spicken, danach in |
| heißem Olivenöl | anbraten und ca. eine dreiviertel Stunde im |

Backofen überbacken, öfter mit der unten beschriebenen aromatisierten Olivenölmarinade übergießen.

---

Die Lammschulter aus dem Backofen nehmen, in hauchdünne Scheiben schneiden und auf gebackenen Kartoffelscheiben anrichten. Inzwischen die Tomaten provençale zubereiten.

---

| | |
|---|---|
| 6 große Fleischtomaten | in 2 Hälften schneiden, |
| salzen | und mit der Schnittflä- |

che auf ein Küchentuch legen. Einige Minuten ziehen lassen. Die Schnittfläche jeder Tomatenhälfte mit 1 TL O-sole-mio-Würzölmischung (S. 18) kräftig abpinseln, mit

| | |
|---|---|
| Paniermehl | füllen und mit |
| 1 EL Herbes de Provençe | bestreuen. |

---

| | |
|---|---|
| | Für die Marinade |
| 100 ml Olivenöl | mit |

| | |
|---|---|
| 5 Tropfen Minzessenz | und |
| 3 – 5 Tropfen Grüne Pfefferessenz | emulgieren, |
| Salz | und |
| frisch gehackte Kräuter | zum Abrunden. |

## Feldsalat (Ackersalat) mit Chicorée à l'orange

Für 4 Personen

| | |
|---|---|
| 2 Orangen | sorgfältig schälen, enthäuten und in Schnitze schneiden (filetieren). |
| 2 Chicorée | säubern und in Längsstreifen schneiden. |
| 100 g Feldsalat | sorgfältig putzen. |
| ½ Schalotte | sehr fein hacken. |
| 1 EL Mandelstifte | fettfrei anrösten. |
| 100 ml Sahne | |
| 100 g Joghurt | |
| 1 Prise Meersalz | |
| etwas grobgemahlener Pfeffer | und |
| 4 Tropfen Orangenessenz | zu einer Sauce mischen. |

Feldsalat, Schalotte, Orangenschnitze und Chicorée auf einem Teller anrichten, mit der Joghurt-Sahne-Sauce beträufeln und mit Pinienkernen dekorieren.

## Andreas Hesse

„Ein wahres Feuerwerk auf der Zunge“, so bezeichnete Andreas Hesse, ehemaliger Küchenchef, seine Erlebnisse mit der geschmacklichen Brillanz und dem „gewissen Etwas“, das die Aromaküche auszeichnet. „Genau dies ist es, was den Köchen immer gefehlt hat: Die feinen Würzöle und Essenzen sind hervorragende Alternativen zu den sonst üblichen synthetischen Geschmacksverstärkern. Es lassen sich ungeahnt viele Sachen schnell und nuancenreich zubereiten, eine wahre Entdeckung für die moderne Küche und Großküche.“

### Limonen-Joghurt-Terrine

Rezept für 1 Liter

| | |
|---|---|
| 6 Blatt Gelatine | in kaltem Wasser einweichen. |

| | |
|---|---|
| 50 g Crème Double | |
| 1 Prise Salz | |
| 120 g Zucker | und |
| 1 Vanillestange | langsam erhitzen (nicht kochen). Die Gelatine |

abtropfen lassen, unter die heiße Creme geben und auflösen. Vom Herd nehmen.

| | |
|---|---|
| 0,5 l Vollmilch-Joghurt | mit |
| 1 EL Zitronensaft | |
| 2 cl Wodka | und |
| 1 TL Zucker | glattrühren und in die heiße Crème Double ge- |

ben, kaltstellen und öfter durchschlagen.

| | |
|---|---|
| | Bei ca. 28 Grad |
| 5 – 7 Tropfen Limettenessenz | |
| 4 Tropfen Vanilleessenz | |
| 2 Tropfen Grapefruitessenz | |

| | |
|---|---|
| 3 Tropfen Zitronenessenz | hinzufügen. |

Die Terrine ziehen lassen und über Nacht kühlstellen.

## Gelee-Royal-Parfait

Rezept für ca. 1 Liter

| | |
|---|---|
| 150 ml Sahne | aufschlagen und kühlstellen. |
| 40 g Gelee-Royal-Honig<br>3 Eigelb<br><br>½ TL Limonensaft | leicht erwärmen,<br>im warmen Wasserbad<br>aufschlagen und mit<br>mit dem Mixer verrühren. |
| 2 Eiweiß | Ist die Masse cremig, zu festem Eischnee schlagen. |

Zuerst den Eischnee, dann die Sahne unter die Eigelbmasse heben.

| | |
|---|---|
| 1 Tropfen Limettenessenz<br>1 Tropfen Vanilleessenz<br>½ Tropfen Orangenessenz<br>1 Spatel Neroliessenz<br>etwas Bitterorangenblütenwasser und<br>2 cl Safranlikör (S. 152) | hinzufügen. |

Die fertige Parfaitmasse in eine Form geben und über Nacht in die Tiefkühltruhe stellen.

## Helga Krämer

Restaurant / Partyservice Sprößling

Feiner, frischer, gesünder genießen - Aromaküche ist ein Stück Naturküche! Sie ist eine Jahreszeitenküche, da wir ausschließlich frisches Gemüse und Obst verwenden; das Getreide wird frisch gemahlen. Die Würzöle, die gerade im Winter eine ideale Ergänzung bieten und im Sommer eine willkommene Frische in die Gerichte zaubern, sind in meinem Hause von bester Qualität und dürfen auf keiner Speisekarte fehlen.

### Gefüllte Champignons auf Blattsalat

| | |
|---|---|
| 2 EL Vollkorn-Semmelbrösel | |
| 1 EL gehackte Blattpetersilie | |
| 1 EL geriebener Emmentaler Käse | |
| 1 EL Olivenöl | und |
| ¼ TL Rosmarin-Thymian-Würzölmischung (S. 19) | miteinander vermischen. |
| 12 große Champignonköpfe | mit der Mischung füllen und im Backofen bei 180 Grad 20 Min. backen. Auf Blattsalat anrichten. |

### Lauch in Orangensauce

| | |
|---|---|
| 1 kg Lauch | in ca. 10 cm große Stükken schneiden, in |
| Gemüsebrühe | bißfest garen. In |
| 50 ml Sahne | |
| 2 Tropfen Orangenessenz | emulgieren und mit |

1 TL O-sole-mio-Würzölmischung (S. 18) abschmecken, in das Kochwasser einrühren, nochmals kurz aufköcheln lassen. Dazu körnigen Reis servieren.

## Pfirsich Capri

| | |
|---|---|
| 1 Pfirsichhälfte | pro Person entkernen. |
| ½ l Sahne | schlagen, mit |
| 2 Tropfen Vanilleessenz | emulgieren und |
| 2 TL Capri-Würzölmischung (S. 18) | unterrühren. |

Pfirsiche mit der Sahnemischung füllen.

## Bernd Trum

Als Leiter der Kochschule Trum und Küchenchef der „König-Ludwig-Klinik" in Nesselwang war ich anfangs, als ich von der Aromaküche mit Würzessenzen und Würzölen hörte, etwas skeptisch. Und unter „Aromagaren" konnte ich mir nur schwerlich etwas vorstellen. Aber ich sagte mir, neue Sachen sind dazu da, um sie auszuprobieren.

Bis dahin war ich es gewohnt, Gerichte aller Art mit frischen oder getrockneten Kräutern, Gewürzen, unter Umständen Spirituosen und anderen Würzsaucen abzuschmekken und zu verfeinern. Nun kam jedoch eine ganz neue Welt des Würzens auf mich zu, und ich war erstaunt, wie harmonisch und ungeheuer kreativ diese Würzessenzen vor allem in Verbindung mit frischen Kräutern sind.

Ich kann nur jedem empfehlen, sich selbst von der Raffinesse der Aromaküche zu überzeugen, und wünsche viel Spaß dabei.

## Kakaomousse mit Würzessenzen

| | |
|---|---|
| 2 EL Instant-Getreidekaffee | in |
| 100 ml Wasser | einrühren und aufkochen. Auf ca. 30 ml köchelnd reduzieren. |
| 120 g Butter | auf kleiner Flamme langsam zerlaufen lassen, nach und nach |
| 35 g Kakaopulver | einrühren. |

Etwa 5 – 6 Min. bei kleiner Flamme glattrühren, das Kakaopulver quillt dabei aus. Die Kakaobutter erkalten lassen. Die Butter darf beim Einrühren und Ausquellen nur gut handwarm (ca. 45 Grad) sein. In die erkaltete Kakaobutter

| | |
|---|---|
| 4 Tropfen Kakaoessenz | |
| 3 Tropfen Vanilleessenz | |
| 2 Tropfen Orangenessenz | und |
| 2 Tropfen Zitronenessenz | emulgieren. |
| 4 Eigelb | und |
| 80 g Akazienhonig | über Wasserdampf (Wasserbad) gut schaumig |

schlagen und anschließend mit dem Rührgerät kaltschlagen. Das Eigelb über dem Wasserdampf nur bis auf etwa 80 Grad aufschlagen, bei zuviel Hitze gerinnt das Eigelb.

| | |
|---|---|
| 300 ml Sahne | schlagen. |

Den reduzierten Getreidekaffee und die aromatisierte Kakaobutter unter die kaltgerührte Eimasse ziehen. Zum Schluß die Sahne vorsichtig unterheben, in eine Form füllen, mit Klarsichtfolie abdecken und im Kühlschrank mindestens einen halben Tag durchziehen lassen.

Das Kakaomousse mit einem heißen Löffel abstechen, auf Mangospiegel oder sonstige Fruchtspiegel oder mit marinierten Erdbeeren servieren.

## Doris Winkenbach

Expertin für Vollwertkost und angewandte Ernährungskunst, gibt Vollwertkochseminare und macht Vollwert-Buffetservice mit ihrer Naturaromaküche Artemis – ein gesunder Genuß.

Ihre Kurzformel für Vollwertkost und Naturaromaküche lautet: „Täglich Frisches, häufig Vollkorn, wenig Fett, maßvoll Süßes, viel Aroma."

### Südländischer Hirseauflauf

*„Alles in allem gut und scharf"*

| | |
|---|---|
| 200 g Hirse | waschen, mit kochendem Wasser übergießen. |
| 500 g Wasser | aufkochen, Hirse hineingeben, 5 Min. kochen. |
| | Mit |
| ½ TL Rosmarin-Thymian-Würzölmischung (S. 19) | |
| ½ TL Oregano-Würzöl | und |
| 2 TL würziger Brühe | vermischen, 20 Min. ausquellen lassen. |
| 100 g schwarze Oliven | entkernen und kleinschneiden, |
| 1 - 2 scharfe, rote Peperoni | in Röllchen schneiden, |
| 1 Knoblauchzehe | hacken und quetschen, |
| 1 grüne Gurke | und |
| 2 Tomaten in Würfel | schneiden. |

ca. 250 g Schwedenmilch (Sauermilch) mit
½ TL Rosmarin-Thymian-Würzölmischung (S. 19) und
½ TL O-sole-mio-Würzölmischung (S. 18) mischen und alles mit der Hirse vermengen, so daß eine weiche Masse ent-

steht.

| | |
|---|---|
| 100 g Räucher-Danbo | würfeln und untermischen, mit |
| Paprika scharf | eine gebutterte Auflaufform geben. Mit |
| Oliven | und |
| Peperoni | belegen, mit |
| Sesam | bestreuen und mit |
| Butterflöckchen | im Ofen ca. 20 Min. bei 175 Grad backen. |

Dazu paßt gemischter Blatt-Sprossensalat, Tomaten-Rahmsauce.

## Blatt-Sprossen-Duett

100 g Sprossen-Mix
100 g Feldsalat
200 g gemischter Blattsalat (Radicchio, Eisberg, Romana) putzen, waschen, zerkleinern.

| | |
|---|---|
| 1 EL Zitronensaft | |
| etwas Meersalz | |
| wenig Senf | |
| etwas Ahornsirup | |
| 1 Knoblauchzehe | und |
| 2 EL Olivenöl, kaltgepreßt | miteinander vermischen. |

| | |
|---|---|
| 100 g Schwedenmilch oder Joghurt mit | |
| ½ TL Petersilie-Würzöl | und |
| ½ TL Dill & Co.-Würzölmischung (S. 19) | vermischen und dazugeben. |

## Apfel-Minzen-Dessert – Offen für Neues

Für 4 Personen

| | |
|---|---|
| 40 g Speisestärke<br>500 ml Apfelsaft | in einem Teil von anrühren. Den Rest zum Kochen bringen. Die angerührte Stärke einrühren, 1 – 2 Min. kochen lassen und dann abkühlen. |
| 1 EL Honig<br>1 Tropfen Minzessenz<br>1 Tropfen Limetten- oder Zitronenessenz und<br>3 Tropfen Vanilleessenz | mit<br><br><br>emulgieren und unterrühren. |
| 200 ml Sahne | schlagen und unter die kalte Creme heben. |

## Sansi Shiva

Die Kulturoase ist ein indisches Spezialitätenrestaurant mit außergewöhnlichem Geschmack und Engagement. Die Speisekarte ist auserlesen und exquisit, auch die feinen Naturaromen finden hier ihren Platz.

Eine Besonderheit des Hauses ist das stets wechselnde Kulturprogramm und die Liebe zum Detail. Für einen Abend in der Kulturoase sollten Sie Zeit mitbringen, um in Ruhe Muße zu tanken.

## Nudelpudding

| | |
|---|---|
| 50 g Rosinen | in lauwarmem Wasser einweichen. |
| 50 g geklärte Butter (Ghee) | in einem breiten Topf erhitzen und abkühlen lassen. |
| 3 Tropfen Nelkenessenz | und |
| 8 Tropfen Cardamomessenz | in Butter emulgieren. |
| 250 g dünne Spaghetti | in die Butter geben und anbraten, möglichst nicht brechen. |
| 1 l Frischmilch | dazugießen und zum Kochen bringen. |
| 100 g Akazienhonig | einrühren. |

Die Spaghetti weichkochen, ab und zu vorsichtig umrühren.

| | |
|---|---|
| 150 g geschälte Mandeln | und |
| 30 g Pistazienkerne | grob hacken. |

Die eingeweichten Rosinen abtropfen lassen, dann Rosinen, Mandeln und Pistazien zu den Nudeln geben. Nochmals kurz aufköcheln lassen.

| | |
|---|---|
| 3 TL Rosenwasser | am Schluß dazugeben und umrühren. |

In kleine Förmchen verteilen, mit Frischhaltefolie abdecken, in den Kühlschrank stellen und gut gekühlt servieren.

# Verzeichnis der Essenzen

Angelikawurzel
Anissamen
Basilikum
Bay
Bergamotte
Cardamom
Clementine
Cumin (Kreuzkümmel)
Dill
Eisenkraut
Estragon
Fenchel
Galgant
Grapefruit
Honig
Ingwer
Kakao
Karottensamen
Koriander
Kümmel
Lavendel
Lemongrass
Limette
Lorbeer
Majoran
Mandarine
Melisse
Minze
Muskat
Muskatellersalbei
Nelke
Orange
Oregano
Pampelmuse
Pfefferminze
Rose
Rosmarin
Salbei
Spearmint
Thymian
Vanille
Wacholder
Ysop
Zimtblätter
Zimtrinde
Zitrone
Zitronenthymian

# Emulgatoren in der Aromaküche

*Für Süßes:*
Ahornsirup
fette Milch
Honig
Malz, alle Arten
Melasse, alle Arten
Vollrohrzucker

*Für Salziges:*
Butter
Essig, Weinessig
Mayonnaise
Salz
Senf
Tamari

*Für Süßes und Salziges:*
Alkohol, Weingeist 96 % Vol., Korn, Schnaps
Avocado (eher salzig)
Eigelb
fette Öle wie Oliven-, Sonnenblumen- oder Distelöl (Sojaöl ist das neutralste)
Joghurt
Nußmuse, alle Arten
Sahne
Saure Sahne

# Adressen, Hersteller, Seminare, Organisationen, Vertriebe, Literatur

## *Adressen der Gastköche*

Reiner Fischer
Hotel „Villino", Sternerestaurant
Hoyerberg 34, 88131 Lindau, Tel.: 0 83 82/50 22

Norbert Gillmayr
Mitglied der Gastronomischen Akademie
Deutschlands e. V.
Ehrenmitglied WACS
Senior Experten Service Bonn
Ginnheimer Str. 18, 65824 Schwalbach

Andreas Hesse
Stein und Öl, Vertrieb von Würzölen
Rahlstedter Weg 108, 22159 Hamburg, Tel.: 0 40/645 18 90

Helga Krämer
Restaurant/Partyservice Sprößling
Feiner, frischer, gesünder genießen. Natürlich!
Kaiserstr. 67, 66424 Homburg, Tel.: 0 68 41/45 89

Gerlinde Schratt
Kurhaus Schratt
Vollwerternährung nach Schnitzer mit Aromaküche
Sägmühle 1987534 Steibis/Oberstaufen, Tel.: 08386/84 14

Sansi Shiva
Kulturoase im Eichenhof
Markdorfer Str. 9, 88697 Bermatingen, Tel.: 07544/71260

Dietrich Straub
Hobbykoch
Am Fichtenholz 5, 87477 Sulzberg

Bernd Trum
Kochschule
Trillerweg 10, 82433 Bad Kohlgrub, Tel.: 0 83 61/18 21

Doris Winkenbach
Naturaromaküche ARTEMIS
Karlsbaderstr. 1, 69509 Mörlenbach, Tel.: 0 62 09/44 51

## *Adressen von weiteren Aromaköchen*

Café Becherer
– vegetarische Küche
Claudia Becherer
Kemptener Str. 4, 87477 Sulzberg

Gesunde Ernährung e. V.
Köchegemeinschaft
Hubert Kahle, Karl-Rud. Maurer
Postfach 35, 87643 Schwangau

Hotel Columbia
Fitness für die Seele in Griesbach
Erich Mayr und Peter Menrath
Passauer Str. 39 a, 94086 Bad Griesbach

Ivo Ivancic, Sternekoch
Culina Odorata PsychoCerebroSomatica: Gourmet (das Restaurant der Sonderklasse)
Engelbertstr. 17, 50674 Köln

König-Ludwig-Klinik
Klinik für Ernährungsmedizin
Falkensteinstr. 10,
87484 Nesselwang

Landhotel Sulzberger Hof
Nikolaus Schropp
Sonthofener Str. 17,
87477 Sulzberg

Maddins Partyservice
Feinschmeckermenues & Buffets
Fritz Reuter Str. 14,
63500 Seligenstadt

Oase Augsburg
Naturkostschnellimbiss
Neuburgerstr. 20,
86167 Augsburg

Pacific Spa / Fitness for Body and Soul, „Café Soyoken"
Listerstr. 4-6, 30163 Hannover

Partyservice
Peter Tschiva
Hagenmahd 9,
86825 Bad Wörishofen

Ristorante Nabucco
Alfonso Sergio
Kaiserwerther Str. 402,
40474 Düsseldorf

Rudolf Steiner Schule / Schulküche
Herr Müller
Bergstedter Chaussee 203-206, 22395 Hamburg-Bergstedt

Großküche „Reutlingen"
Der individuelle Caterer
Partyservice Lothar Tüttelmann
Ringelbachstr. 195, 72762 Reutlingen

de arte coquinaria
Römische Gerichte nach dem Kochbuch des Marcus Gavius Apicius
Kurtrierischen Weinstube zum Domstein / Küchenmeisterin
Rosemarie Gracher
Hauptmarkt 5
54290 Trier

*Österreich:*
Agathenhof
Das ganzheitliche Ferienparadies
W. und I. Fischbach
A-9322 Micheldorf /Friesach

*Frankreich:*
Chateau des Aromes
F-2618 Route de Grasse

## Herstellerfirmen ätherischer Öle mit bester Qualität

Primavera Life / Vertrieb und Export von ätherischen Ölen und Kosmetik GmbH
bietet zusätzlich hochwertige Würzöle, Würzölmischungen und Würzessenzen an
Am Fichtenholz 5
87477 Sulzberg

Heuschrecke
Krefelderstr. 18
50670 Köln

Tautropfen
Poststr. 10
83132 Rittenhardt

La Balance
Andres & Co GmbH
Bachstr. 3
88299 Leutkirch

### *Vertrieb von Würzölen und Würzessenzen*

*In Deutschland*
Biogarten
Naturkost und Naturwaren
Postfach 1012
40710 Hilden

*In Österreich*
Naturgarten
Hauptstr. 254
A-8462 Gamlitz

*In der Schweiz*
Buchhandlung Dessauer
Räffelstr.32
CH-8036 Zürich

### *Spezialgeschäfte, die Würzöle führen und versenden:*

Gewürz und Teehaus Schnorr
Neue Kräme 28
60311 Frankfurt am Main

Hermetische Truhe
Barbara Dethleffsen
Kurfürstenstr. 45
80801 München

### *Ansonsten finden Sie Würzöle und Würzölmischungen im Fachhandel der Naturkostbranche oder in gut sortierten Gewürzgeschäften, z.B.:*

Artemis
Gabriela Hildebrandt
Kurfürstenstr. 45
80801 München

Duft und Wärme
Olaf und Ingrid Reichard
Weinhofberg 10
89073 Ulm

Kräuterhaus
Helga Beyer
Fuhlsbüttlerstr. 456
22309 Hamburg

Primavera Life Shop
Im Fichtenholz 5, 87477 Sulzberg

Tee und Gewürzstube
Hussenstr. 43, 78462 Konstanz
Samowar
Theresienstr. 124,
80333 München

### *Erstklassige Speiseöle aus kontrolliert biologischem Anbau bietet*

Fa. Rapunzel
87764 Legau

Biogarten
Postfach 1012
40710 Hilden

### *Nahrungsmittelhersteller die ätherische Öle verarbeiten*

Barnhouse Naturprodukte GmbH
Schokolade mit ätherischen Ölen
Oskar-Mester-Str. 14
85737 Ismaning

### *Hier erhalten Sie Auskunft zur Aromaküche*

*Seminare zur Aromaküche:*
Primavera Life
Maria M. Kettenring
Im Fichtenholz 5, 87477 Sulzberg

Forum Essenzia e. V.
Gemeinnütziger Verein für Förderung, Schutz und Verbreitung der Aromatherapie, Aromapflege und Aromakultur
Panoramastr. 17
87477 Sulzberg / Moosbach

Christine Hunger
Aromaküche in Verbindung mit Wildkräutern
Jurastr. 38
81677 München

### *Sehenswertes*

Aromagarten in Erlangen
Prof. Knobloch
Palmsanlage über der Schwabach
Erlangen

Gewürzmuseum
Hot Spice
Herr Paap
Am Sandtorkai 32
20475 Hamburg

Rosenmuseum in Steinfurth
Sabine Kübler
Alte Schulstr. 1
61231 Bad Nauheim/Steinfurth

Klostergarten nach Wahlafrid Strabo
Insel Reichenau
Bodensee

## *Empfehlenswerte Literatur*


*Apicius, Marcus Gavius:* De re coquinaria, Über die Kochkunst (unter Verwendung eines Mosaiks aus Karthago 2. Jh. n. Chr.), Philipp Reclam jun., Stuttgart 1991

*Backhaus, Helmuth M.:* Das Abendland im Kochtopf, Kulturgeschichte des Essens, Ehrenwirth Verlag, München 1978

*Bingen, Hildegard von:* Gesund und schmackhaft kochen mit der Hl. Hildegard von Bingen, Pattloch Verlag, Augsburg 1990

*Braun-Bernhart, Ursula:* Naturküche, Duft schmecken, Mein schöner Garten, Sonderheft 1993

*Brillat, Savarin:* Physiologie des Geschmacks oder Transcendentalgastronomische Betrachtungen von Brillat-Savarin, Philipp Reclam jun., Leipzig o. J.

*Carpenter, Hugh:* Feinschmecker-Menüs von der Pazifik-Küste, DuMont Verlag, Köln 1989

*de Dijn, M. Rosine:* Vom Mythos der kulinarischen Freuden, mit historischen Rezepten der heutigen Zeit angepaßt, Ceres Verlag, Bielefeld 1991

*de Lestrieux, Elisabeth/de Belder, Jelena:* Der Geschmack von Blumen und Blüten. Eine kulinarische Entdeckungsreise, DuMont Buchverlag, Köln 1993

*Fischer, Reiner:* Ich esse die Schönheit meiner Frau, in: Scharpf, Manfred (Hrsg.): Wechselwirkung, Selbstverlag, Leutkirch 1989

*Fischer, Susanne:* Medizin der Erde, Legenden, Mythen, Heilanwendungen und Betrachtung unserer Heilpflanzen, Heinrich Hugendubel Verlag, München 1984

*Fischer-Rizzi, Susanne:* Dufterlebnisse, Heinrich Hugendubel Verlag, München 1994

*George, Herbert:* Likörbereitung, Eugen Ulmer, Stuttgart 1964, Neuauflage 1989

*Habersbrunner, Ferdinand:* Aroma-Drinks, Joy Verlag,Sulzberg 1994

*Hatt, Hans:* Physiologie des Riechens und Schmeckens, in: Maelicke, Alfred (Hrsg.): Vom Reiz der Sinne, VCH Verlagsgesellschaft, Weinheim 1990, S. 93 - 125

*Jellinek, Paul:* Die psychologischen Grundlagen der Parfümerie, 4. stark erw. Auflage, Hüthig Verlag, Heidelberg 1994

*Joyes, Claire/Naudin, Jean-Bernard:* Zu Gast bei Claude Monet, der große Impressionist als Gourmet, Wilhelm Heyne Verlag, München 1989

*Kettenring, Maria/Kettenring, Thomas:* Neue Küche mit natürlichen Aromen, Joy Verlag, Isny 1987

*Kettenring, Maria/Kettenring, Thomas:* Paradies Aromaküche, phantasievoll kochen - mit feinen Essenzen aus Kräutern, Früchten und Gewürzen, Joy Verlag, Isny 1989

*Koracovsky, Karol:* Natürlich Naturküche, AT Verlag, Aarau Schweiz, 1991

*Kreuter, Marie Luise:* Nimm Rosen zum Dessert, Ariston Verlag, Genf 1976

*Kübler, Sabine:* Blatt für Blatt die Rose, Katalog des Rosenmuseums, Steinfurth 1992

*Kybal, Jan:* Usere Gewürze und Küchenkräuter, Lingen Verlag, Köln 1981

*Lake, Max:* Scents and Sensuality, the Essence of Exitement, John Murray Publishers Ltd., London 1989

*Lambert-Oritz, Elisabeth (Hrsg.):* Gewürze Kräuter & Essenzen, Büchergilde Gutenberg, Frankfurt/Main 1993

*Marten, Ernah I.:* Ernährung im neuen Zeitalter, Rubin-Verlag, Vaduz, 1992

*Maury, Marguerit:* Die Geheimnisse der Aromatherapie, Wohlgerüche für Gesundheit und Kraft, Vitalität, Jugend und Schönheit. Erfahrungen einer Pionierin des „Heilens mit Düften“, Windpferd Verlagsgesellschaft mbH, Aitrang 1990

*Mielke, Thomas R. P. (Hrsg.):* Karl der Große. Mein Kräuterbüchlein, Franz Schneekluth Verlag, München 1992

*Norman, Jill:* Das große Buch der Gewürze, AT Verlag, Aarau/Schweiz 1991

*Popp, Fritz-Albert:* Die Botschaft der Nahrung, Fischer Taschenbuch Verlag, Frankfurt 1993

*Schäfer-Schuchardt, Horst:* Die Olive, DA Verlag Das Andere, Nürnberg 1993

*Schmid, Reiner:* Weizengrassaft, Verlag Ernährung und Gesundheit, München 1993

*Stoffler, Hans-Dieter:* Der Hortulus des Walahfrid Strabo. Aus dem Kräutergarten des Klosters Reichenau, Jan Thorbecke Verlag, Sigmaringen 1985

*Temelie, Barbara:* Ernährung nach den Fünf Elementen. Wie Sie mit Freude und Genuß Ihre Gesundheit Liebes- und Lebenskraft stärken, Joy Verlag, Sulzberg 1992

*Temelie, Barbara/Trebuth, Beatrice:* Das Fünf-Elemente- Kochbuch. Die praktische Umsetzung der chinesischen Ernährungslehre für die westliche Küche, Joy Verlag, Sulzberg 1993

*Wabner, Dietrich:* Duft des Herzens - Rosenöl, Schriftenreihe Rosenmuseum Steinfurth, 1993

*Werner, Monika:* Ätherische Öle, Gräfe und Unzer Verlag, München 1993

*Wollner, Fred:* Duftführer, Wollner Verlag

*Worwood, Valerie:* Liebesdüfte, die Sinnlichkeit ätherischer Öle, Pawlak Verlag, Herrsching 1991

# Verzeichnis der Rezepte

## Würzöle, Würzölmischungen, aromatisierte Sojasaucen, Salze, Honige und Sirupe



## Rezepte

*Danksagung*

Die dritte, neu überarbeitete Auflage ist Ergebnis langjähriger Erfahrungen und so mancher Fragen und Anregungen von engagierten Köchen, Seminarteilnehmern, Freunden und Lesern. Sie trugen zur Verbesserung des vorliegenden Aromakochbuches bei. Dafür möchte ich mich bei Ihnen recht herzlich bedanken. Mein besonderer Dank gilt Norbert Gillmayr, ohne ihn hätte sich vieles nicht realisieren lassen; sowie Thomas, mit dem die spannende Aromareise begann; und Andrea Vath für Ihre Lektoratsarbeit. Mein Freund Roland war mir eine große Stütze voller Humor.

**Ferdinand Habersbrunner**

## Aroma-Drinks

**Köstlich aromatisierte Mix-Getränke mit ätherischen Ölen für jede Gelegenheit – mit und ohne Alkohol**

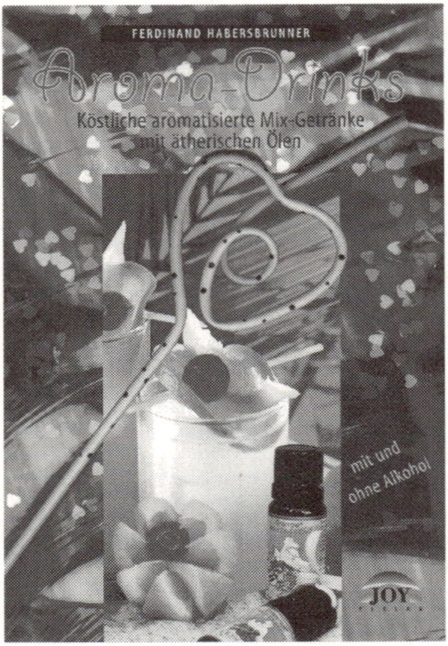


**DM 19,80 SFr 19,80 ÖS 154,40**
**80 Seiten, Broschur, ISBN 3-928554-07-7**

Ein Handbuch zur Herstellung alkoholfreier und alkolhohaltiger Mix-Getränke mit ätherischen Ölen – für warme Tage, heiße Nächte, kalte Füße und ....den Kindergeburtstag.